トップ1%の人だけが知っている
「最高のマネープラン」

—特別附錄—
讀者專屬！獨家
「生涯財務規劃
EXCEL表」

5張表格 打造最強理財計畫

為什麼你的錢總是留不住？

- 透視收支黑洞
- 做好預算管理
- 完善財務規劃

俣野成敏——著
楊毓瑩——譯

破除錯誤投資迷思，重建正確理財觀念。
即使沒有富爸爸、對財務報表一竅不通，

也能掌握理財竅門，成功累積財富！

前言

日本金融廳審議會所公布的報告書「高齡社會之資產形成與管理」，引發廣大的討論。

該報告書總頁數達五十一頁，篇幅相當多，但簡單來講，就是鼓勵民眾靠自己規劃理財計畫，以迎接人生百歲的時代。

過去，日本政府建立「活到百歲也安心」的年金制度，但就高齡夫婦（丈夫六十五歲以上、妻子六十歲以上）的狀況而言，單靠退休金的收入根本不夠，因此日本政府在報告書中呼籲，在退休後至平均壽命間的三十幾年，平均需要有約二千萬日圓的存款，因此必須積極儲蓄和運用資產。

由於各家新聞媒體聚焦於「退休金短缺二千萬日圓的問題」，因此日本國民被迫正視光靠國民年金不足以支付養老生活的現實。

由於迴響過大，因此金融廳首長立即撤回該份報告書，由此也可看出事態的嚴重性。

「退休金短缺二千萬日圓」的平均值雖然感覺像是單方面計算出來的，但就客觀來看，金融廳審議會所公布的報告書，也顯示出日本正面臨的高齡化社會現況和未來的課題。

話說回來，每個人需要的養老生活費不盡相同，且就算金融廳審議會指出這個問題，也有很多人認為「單靠國民年金無法安心養老」。大眾將焦點放在「二千萬日圓」這個數據上，恰好也凸顯出對老年生活的憂心吧！

我寫這本書的目的，在於讓你「消除經濟上的不安感」。如果你光是看到跟自己差很多的平均值就煩，或者討厭被斷章取義的二手資訊，卻不採取必須行動的話，一切都不會有改變。我希望你能明白，各自確實擬定對策，不管年金怎麼改，還是可以靠養老理財計畫為自己鋪路。

托大家的福，本叢書第一本書《前一%的人才懂的「金錢真相」》相當暢銷，到二〇一九年七月為止已經出版至二十二刷。該書主要是在告訴讀者，如何面對我們所處金錢環境的變化，但礙於頁數的限制，所以沒有提到具體的策略。

很多讀者希望我就這部分多做介紹，因此本書的目的之一，也在於回應讀者的心聲。

本書的核心主題是「財富設計圖的製圖法」。也就是理財計畫。

我目前與金融界裡面專家中的專家攜手合作，共同開設理財學校。值得感謝的是，自二〇一六年四月開課以來，三年來已累積約四百名學員。

理財學校的最大價值，在於有專業的財務策畫師（ＦＰ）提供個別諮詢服務。我有信心這個獨一無二的社群，可以實現每個人的理財計畫。

這次，在合夥人的協力下，我嘗試把珍貴的現場諮詢內容寫在紙上、搬上檯面。除了介紹為約四百名學員打造出理財計畫的知識庫之外，也將專家們的理財專業傾囊相授。本書提供許多方法，讓你一個人也可以擬定理財計畫。

我們的學校不隸屬於特定企業、獨立自主，在這裡可以實話實說，這是我們的優勢之一。因為若與特定的金融業者合作，營運目的就會變成販售金融商品。由於本書字裸裸呈現商品的真實樣貌和手法，因此金融界的人士可能會覺得部分內容不恰當。

序言就寫到這裡，讓我們趕快進入理財計畫的世界吧！

俣野成敏

Contents 目錄

第2章 將窮人思考轉變為未來型思考

第3章 實踐！擬定理財計畫

第4章

方法建構

第5章 用「混合型象限×理財計畫」實現你想要的人生

結語

第 1 章

你為什麼留不住錢？

為什麼名人容易把家產敗光？

「啊，好想變得更有錢……」。

你一定也有過這種想法吧！如果這種時候，電視開始播放職業選手以天價簽約的新聞，你或許會感嘆自己怎麼跟別人差這麼多，並覺得失望。

然而，你知道新聞還有後續沒講嗎？新聞沒說的事實是，很多選手即使得到巨額財富，還是無法擁有快樂結局。

美國《運動畫報》（*Sports Illustrated*）雜誌報導，二〇〇九年有六〇％的NBA球星，在退休後五年內因債務申請破產。NFL選手更是有七八％的人，退休後不到二年就面臨經濟問題。

這是很驚人的數字。像我們這種一般的上班族，因債務而破產的比例通常不會那麼高。

社會上把擁有天價薪酬的職業運動選手、好萊塢明星、超模、歌手等稱為「名人」。不僅職業運動選手，這類名人奢靡的生活方式和經濟危機，都常常躍上新聞版面，震驚社會大眾。

錢賺得比我們多很多的他們，為什麼會落得這樣的下場？

最近有位好萊塢巨星被報導指出面臨破產危機，我在這裡要以這位巨星為具體例子來思考。

據說這位巨星酬勞高到驚人，拍一部電影的片酬高達數十億日圓。當然，這是因為只要有這位巨星是高票房的保證。

既然這位巨星的片酬在好萊塢是數一數二的高，他花錢的方式當然也不尋常。據說他的每個月的生活費超過億元、在全球擁有好幾間豪宅，且坐擁私人飛機、豪華遊艇、藝術品、高級跑車、骨董收藏等……。

他的私生活也很奢靡，夜夜開趴到天亮、喜歡品嚐主廚掌廚的高級料理，搭配美酒和香檳……，完全是如夢似幻的生活。

然而，必須有龐大的財富才足以維持這樣的生活。包括聘請數十名員工管理豪宅和為數眾多的收藏品，其他還有管理收藏品的倉庫費和維修費等等……。光是員工薪資，每年就要燒掉數億日圓。

沒錯，這位巨星花得比賺得多。

線上的名人由於收入豐厚，所以就算有債務，也可以還清。但是，一旦沒了收入，就難以維持一樣奢華的生活。

尤其名人是靠人氣的行業，有粉絲才有高額報酬。然而，在被群眾捧著、享樂的同時，最終會逐漸失去自我吧！

人只要活著，就一定會變老，身體也會衰退。社會上的潮流瞬息萬變，粉絲也會喜新厭舊。

或許他們心裡也很清楚這樣的光環不會太長久，所以為了逃避恐懼，才會選擇用奢侈的生活來掩蓋這樣的心情。

而你會認為「名人那麼有錢，為什麼不用這些錢聘僱理財專家呢？」

當然，他們也知道有這個選項。

用前面提到的巨星為例，他也把自己的資產，交由資產管理公司管理。然而，由於該公司將他的資產用來「從事違法融資、詐欺、稅金滯納等各種違法行為」，因此該名巨星向管理公司提告。

儘管該公司也以巨星的奢侈是問題的導火線為由，提出反告訴，但最終此事件在雙方達成和解下落幕。

其實，這裡潛藏著問題的根源。也就是「即使將資產委託給他人管理，若自己沒有能力管理的話，照樣會落得很慘的下場」。

這位巨星恐怕沒有掌握自己的財產狀況。他在這樣的情況下，把資產全權交給別人管理，因此不知道管理公司是否有做好妥善管理。

這才是讓很多名人破產的真正原因。

為什麼光是交給別人打理還是不行？

前面提到的好萊塢巨星，與資產管理公司陷入金錢糾紛（目前已和解）。

這類糾紛不只會發生在富豪身上。我們也可能面臨這樣的問題。

「想透過投資增加財富，但不知道該怎麼做，也不知道可以相信誰……。」

該怎麼解決這樣的煩惱？

我在前面說過，巨星的糾紛起因於他不了解自己的資產狀況。

「可是，都已經付錢請別人管理了，交給別人管也沒錯吧？」

「這位巨星只是運氣差，遇到惡劣的業者而已……。」

很多人會這麼想。

但是，單靠把資產交給專家管理，問題還是不會解決。

委託專家管理本來就不是全權交給專家，而是「共同完成『作品』（以財富來講，則是理財計畫、投資組合、投資策略等）」。

想要以兩人三腳的方式與專家合作，有幾個前提條件，那就是

1.自己與專家都看著同一張畫（目的），進行溝通。

2.自己也要理解、看懂一片片的拼圖（目的達成的各項必要條件）。

這是「理財」的基本要件。

例如，「在不知道要完成什麼圖樣的狀況下，隨便拼拼圖的話，就像是在玩福笑面[1]拼圖」。

讀到這裡的你，若已經開始想「為什麼存不到錢？」、「想解決金錢上的問題」的話，那是因為你不知道理財是什麼。

不必擔心「聽起來好像很難……」。只要「釐清自己的資產狀況，找出問題並解決問題」即可。

希望你能透過本書，抓到技巧學會基本知識。

1譯註：福笑的玩法請參考 https://jpninfo.com/tw/78026

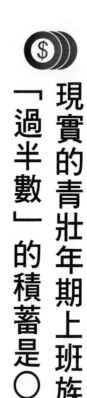

現實的青壯年期上班族「過半數」的積蓄是〇！

就算前面那位過著極奢侈生活的好萊塢巨星是比較誇張的例子，但世界上確實有很多人苦惱「存不到錢」。

SMBC Consumer Finance消費者金融公司於二〇一九年一月，針對日本全國一千名三十至四十歲的男女，展開「二〇一九年三〇世代、四〇世代金錢感覺相關意識調查」，結果發現回答「零存款」的人有二三・一％、「五十萬日圓以下」的有二四・六％、「一百萬日圓以下」的有一二・八％，占了整體的六成以上（六

○．五％）。

這些正值事業打拚黃金階段的社會人，超過半數「幾乎沒有存款」，著實是令人震驚的調查結果。

存不到錢的理由之一，是「因為我們沒有受過理財教育」。

過去的義務教育，沒有教導學生金錢觀念的課程。別說我們了，就連我們父母和他們的上一代，都沒有受過充分的理財教育。

與其說「不教」，不如說是「沒必要教」。因為，在高度成長的時代，只要按照社會軌道按部就班，就可以平安抵達目的地。

只要從好學校畢業、踏入一流企業，利用終身雇用制做到退休，就可以拿到高額退休金，並開始領國民年金。股票和不動產等資產的價值也逐年上漲，一回過神來，連自住的房子都成為增值的資產。就算單純把錢存在郵局，利息也高到現在難以想像。這樣的時代持續了很長一段時間。

而且，還有一個重點原因就是「人的壽命比現在更短」。例如，一九四七年（昭和二二年）的平均壽命約五十二歲。當時，由於年輕人口明顯高於老年人口，因此扶養老年人口相對簡單。並且，由於未邁入老年期就死亡的人口比例較高，因此人們不像現在一樣，急迫地思考「年紀大了以後無法工作，生活費該從哪裡來？」的問題。

接下來，我想在這裡思考有關「怎麼做才能存到錢？」的問題。

首先，讓我們來看一下A先生（四〇世代的上班族、年收七百萬日圓、太太兼職打工、扶養兩名幼稚園的小孩）的例子。

以現在上班族平均年收四百萬日圓的時代來講，太太有在兼職工作的A先生，算是相當幸運。

你一定以為既然如此，那家計一定沒問題……，但A先生的家庭收支每個月赤字五萬日圓。

雖然他一直用獎金來填補這個赤字，但最後還是認為「再這樣下去，光靠自己還是吃不消」，因此找了財務策畫師（FP）諮詢。

最後發現他們家的問題出在「無意識的浪費」。加上太太的薪水，A先生每個月有五千日圓，因此固定費並不算高，從FP的觀點來判斷，他們家的經濟狀況也還可以存到錢。

那麼，到底問題再在哪裡？了解他們家的支出後，發現這家人不自覺地在很多小地方上有浪費的情況。

先生的零用錢要多少給多少、應酬費每個月十萬日圓、頻繁的外食費用每個月八萬日圓、小孩子的教育費每個月四萬日圓，其他花在娛樂細項上的費用也超過五日萬日圓。

雖然沒有奢侈到買高級車或精品，但是小花費累積起來，卻讓家計吃緊，存款沒有增加，仍停留在婚前的三百萬日圓，過著高風險的生活。

讀到這裡，你發現問題了吧？

就像我們在前面好萊塢巨星的例子中看到的，金錢的運作有一條很簡單的規則，就是「用掉了就會減少」。

因此，想要「存錢＝把錢留下」，你應該做的是

收入＞支出

基本上只要做到這點即可。

我在後面會說明「怎麼做才能達到這個目的」。

有這種習慣的人存不到錢？

從前面的部分我們可以總結出，「打造儲蓄體質的第一步不是賺錢，而是先控制支出，增加手上的錢（餘額）」。留在「手上的錢」才能成為建立資產的本金。

我也會在後面談到資產形成，不過必須先有資金才能開始運用。因為光有資產（存量）或收入（流量），是無法展開投資的。

若一開始無法確保穩定的資金來源就躁進投資，日後也可能因為資金不足而被迫解約。

相反地，在能夠掌控金錢後，收入增加的同時，才會出現相乘效果，加快實現理財目標的速度。

在這裡很重要的一點是「賺錢」、「花錢」、「存錢」、「增加財富」的順序。

我們對金錢的行為主要可分為四類。

賺錢……先不論好壞，很多上班族在這方面很少有變動。

花錢……決定權在自己手上，可以立刻改變。

存錢……與「花錢」連動，有可能增加。

增加財富……加速「存錢」。

■賺錢↓花錢（永遠被金錢支配的生活方式）

■賺錢↓存錢　花錢（可以掌控金錢的生活方式）

■賺錢↓存錢　增加財富↓花錢（錢滾錢的生活方式）

實現理財計畫後，

■增加財富↓花錢↓增加財富↓花錢（不再被金錢支配的生活方式）

應該以這樣的順序為目標。

我要在這裡比較「存得到錢的人的特徵」和「存不到錢的人的特徵」。首先，存不到錢的人的代表性特徵，大概是這種感覺。

〈存不到錢的人的特徵〉

- 不會去思考未來不安和恐懼的人。

- 對於支出沒有明確價值標準的人。
- 不清楚自己花了多少錢的人。
- 不知道自己未來需要多少錢的人。
- 對於存錢的理由、存多少的原因，回答不出「為什麼？」的人。

總之，沒有讓現在、未來的理想與恐懼顯化的人，有存不到錢的傾向。這種人為了消除「不確定能否實現未來的生活與目標？」轉而亂花錢、不考慮未來的事（小孩養育費和養老費用等），錢一到手就花個精光。更恐怖的人，甚至會因為刷信用卡、分期付款及借款，導致支出超過收入，負債累累。

踏進我的理財學校的人當中，有人即使年收入數千萬日圓，卻因為浪費所以持續累積一個月就能還清的債務，並在掌握這個問題後，開始著手改善。

存不到錢的人，並不是收入低的人，就像我所說的，存不到錢的人的幾項特徵包括花錢時不考慮「自己花了多少？」、「未來需要多少錢？」、不會安排支出的優先順序等。

接下來，我們來列出存得到錢的人的代表性特徵。

〈存得到錢的人的特徵〉

- 對未來感到不安與恐懼的人。
- 知道自己花了多少錢的人。
- 有明確目標，知道自己未來「要準備○○元」的人。
- 對於存錢的理由、存多少的原因，回答得出「為什麼？」的人。
- 針對支出有花費標準的人。

你覺得如何？在這些項目中，你符合幾項呢？

存不到錢的人，光是有存款就可以讓他們覺得「很了不起」，而實際上也有很多人只是因為對未來感到不安，所以乖乖地存錢。

這種人只要在明確的理由下設定目標額，未來就能安心執行理財計畫。

現金流象限厲害在哪裡？

然而，若想增加收入，就少不了「現金流（金錢流量）」這個要素。最近，有很多人認為副業是可以增加現金流量的方法。

在這一段落，我要教這些想增加現金流的人一些前提知識。

我在本系列第一本書《前一％的人才懂的「金錢真相」》中，談到「混合象限」。

現金流象限是全球暢銷書《富爸爸，窮爸爸》（高寶）的知名作者羅伯特·清崎（Robert Kiyosaki）所提倡的新概念。

清崎先生表示，「世界上所有的職業可以分成四種」《富爸爸窮爸爸現金流》（經史子集）。這四種職業分別為：

- 受僱者（Employee）
- 自僱者（Self-employed）
- 企業所有人（Business owner）
- 投資者（Investor）

四個象限的詳細內容，可以參考此系列的第一本書，而由我獨自應用、發展出來的，則是在第一本著作中所提出的混合象限概念。

在這個「學歷社會」、「終生雇用」、「國民年金」等社會制度，無法像過去的美好時代一樣運作的時代，我們不應該單憑一個象限，而是應該了解各象限的特性，透過象限的結合，增加現金流。這就是混合象限的主張。

然而，看到我這樣說明四象限，應該有讀者會想「為什麼把賺錢的方法分成四種那麼重要？」

其實，象限的真正意義在於「勞動與資本的分離」。

受僱者和自僱者（副業也算），是將自己的時間轉換成金錢的領域。

相較於此，企業所有人和投資者的象限，是透過改變存放金錢的場所，來增加財富。

若由同一人負責勞動與資本，由於風險沒有分散，假設事業失敗的話，就會同時失去勞動的地方和資產。例如，有的上班族會買公司的庫藏股。

由於可以在有利的條件下認購庫藏股，所以確實對員工是有利的。但是，一旦公司破產，也會釀成重大悲劇。

這種事實際發生的例子，當屬一九九七年山一證券的破產事件。儘管山一證券在當時是日本四大證券公司之一，但仍然被迫自主歇業。

當然，你是因為認為現在這家公司有發展性，才會留那裡工作，但是我希望你不要忘了「認購庫藏股是同時投入勞動與資本的行為」。

若要再舉一個沒有把勞動與資本分散的例子，則大部分的超商加盟者也都是如此。

根據日本7-11公司的網站，在日本全國二萬八百七十六家店（二〇一九年二月底）當中，經營多家店鋪的業者占整體的二六・二％（根據二〇一七年三月至二〇一八年二月C類型的統計結果）。

這樣的狀況在日本超商LAWSON約六成，其他超商企業也有約五成店鋪，是由擁有多家店的老闆所經營。

4象限

E Employee （受僱者）	B Business owner （企業所有人）
S Self-employed （自僱者）	I Investor （投資者）

· 左側……用時間來換取金錢
若想提高收入，基本上只能「增加勞動時間」或「提高時間單價」。E與 S的差異在於受僱於其他公司或自己雇用自己。

· 右側……改變錢的存放場所
若想提高收入，只能透過「獲得高於風險的報酬」。B與I的差異在於，投資自己的事業或別人的事業。

資料來源：作者依據羅伯特 · 清崎《富爸爸窮爸爸現金流》整理。

反過來講，各家超商有約一半至七成的店鋪加盟者只有一家店。

根據前面7-11的網站，從加盟者的經營夥伴關係來看，占比由高至低依序為夫妻七二・七％、親子一三・九％、兄弟一二・三％，由此可看出由於人手不足或人事費撙節等因素，大部分的業者傾向老闆兼員工，親自在店裡經營。就這部分而言，也是把加盟者本身的勞動力和資本，都投入在店裡。

最近引發關注的「廢除二十四小時營業」話題，除了少子高齡化導致勞動人口減少之外，也是起因於勞動與資本沒有分開的結構性問題。

陷入困境的業者也是人，不可能二十四小時三百六十五天持續工作。

超商業界目前也與加盟店共同檢討二十四小時營業的問題。起因雖然是人才短缺，另一方面也在推廣ＡＩ化。

總部的真正想法，或許是想盡量拖延討論，並一口氣發展無人化店鋪。

受僱者和自僱者這類職業，你以為只要肯做就可以賺到很多錢，但遲早都會被「自己的時間」限制。不只ＡＩ化，我們所面臨的課題還包括少子高齡化、加班規定、工作分擔（Work sharing）、外國人才僱用等。我們可以預料，受僱者的處境將越來越嚴苛。

在未來的時代，不要想靠金雞獨立打法轟出全壘打，而是應該利用雙棲作法，甚至最好能結合三種技能，擬定職涯策略。

「混合型象限」不會自動形成

我在前面說過「受僱者和自僱者這類職業，你以為只要肯做就可以賺到很多錢，但遲早都會被『自己的時間』限制。」

受僱者和自僱者若想賺大錢，基本上只有二種方法。這二種方法就是：

1. 拉長工時。
2. 提高時間單價。

由於我們是人，所以即使想要長時間勞動也會有極限。擁有高所得的受僱者和自僱者，通常時間單價較高。

職業運動員、作家、畫家，都是因為高超的技術吸引顧客，並且在顧客願意掏錢的狀態下才能成立交易。

無論哪一行，想要別人付錢，當然必須擁有專業。精通自己的行業，顧客自然會付錢。因此，每個職業都必須學習。

或許會引起誤會，但我還是要說，既有的學校教育，就某種意義而言，也是受僱者培育所。

確實，在現代社會一個人若缺乏基礎學力，是很難在社會上生存的。「照規矩做」、「和大家一樣」、「學習相同知識」、「聽老師（長輩）的話」、「處理別人交付的問題」等，都是受僱者必備的技能。

我想說的是，我們「花了十幾年的時間，學習如何成為受僱者」的這個事實。

然而，由於我們沒有意識到這個過程是在學習如何當受僱者，因此很多人在轉入「自僱者」、「企業所有人」、「投資者」這其他三個職業時，會在學習不足的狀態下，就有勇無謀地莽撞投入。

這是大多數人難以成功的要因之一。

那麼，這三個職業分別須要學習哪些東西呢？

若你想要成為自僱者，那麼就像我前面所說的，你必須具備專業技術。即使是想成為銷售商品的業務員，也必須具備銷售技巧。

接著，若是想成為企業所有人呢？在這方面，你需要的是管理能力。

單純的企業所有人不會親自管理。然而，若想把自己的公司委託給有管理能力的人管理，首先自己也必須了解管理是什麼。倘若不能自己發現危險，公司很容易會陷入失序的狀態。

光是付錢收購公司、聘用管理經理是行不通的。

接下來，要如何成為投資者呢？

你可能會想「投資就是把錢投入股票啊？到底要學些什麼？」

其實，投資者應該學習的知識不同於其他三個象限，常常被忽略。

自僱者和企業所有人所需的專業技術和管理知識等，透過一般工作也能學到一、二。

但是，投資的世界對很多人而言就像門外漢看世界，屬於難以判斷的領域。因此，要從氾濫混雜的資訊中篩選出適合自己的資訊，本身就非常難。

投資者與受僱者、自僱者及企業所有人的決定性差異，在於「投資者把錢寄放在別人那裡」。

其他三種職業所從事的工作，通常在自己的視線範圍內，基本上以等價交換的原則獲得代價。然而，由於投資者基本上是把資金投入別人的事業，因此必須在有限的資訊中做判斷。

在勞動與資本這二種可以生出金錢的資源中，除了部分工作之外，受僱者只負責勞動的部分。通常由公司提供資金或資源等來經營事業，受僱者並不習慣先出資本。

不透過等價交換法則，將資本投入可能失敗的事業，這種行為伴隨著風險。這是把財富增加和財富失去的可能性，放在天平兩端衡量的行為。學校教育幾乎沒有教金錢方面的知識，大部分的人都以錯誤的方式冒風險。

另一方面，不必負擔資本風險，僅負擔勞動風險就能賺錢，是受僱者的最大優勢。基本上不管事業成敗都有收入，所以比較容易存到錢。

只要掌握負擔資本風險的正確方法，了解變成儲蓄體質的訣竅，也能一邊上班，一邊「實現混合象限＝擁有多個現金流」。

無論是存獨立創業的資金或以防萬一的備用金，先打造儲蓄體質，是促使人展開下一步的基礎。

我們或許可以說「無論結合哪個象限，最重要的課程是存本金」。

第2章

將窮人思考轉變為未來型思考

讓人存到錢的最強機制就是「理財計畫」

我在第一章中說明了「為什麼很多人存不到錢？」的理由，並且提到「想要實現混合象限（擁有多個收入來源），第一步就是要打造儲蓄體質」。

很多人之所以失敗，是因為認為「存不錢前是因為收入低」。

我常看到的現象是，有些人為了在短期間累積資產，只採取高風險的投資手段，在懵懂的狀態下，隨便投資股票或外匯市場等。或者，也有人犧牲睡眠時間兼差，最後搞壞身體……。

我希望讀者不要誤會，我並不是絕對否定高利率或股票、外匯市場投資。若有必要，也會將這些方法規劃至理財計畫中。然而，這些都只是投資的一部分，並不是全部。尤其，我絕對不建議在尚未擬定理財計畫的狀態下，用高風險投資來形成資產。

很遺憾的是，人類並非天生就會存錢。因為「存錢」這個行為本身並不自然。讓我透過以下內容作說明。

關於人類與類人猿的演化分歧時間有各種論點，有一說認為發生在六百萬至一千三百萬年前。古時候的人類主要透過狩獵取得一天的食物，基本上當場就會吃掉獵物。

「不吃掉稻種，留到明年農作用」的行為，讓這種生活產生大轉變。往回追溯歷史，人類在約一萬至一萬二千年前開始耕種。

換句話說，人類在那個時候開始學會「存糧食＝儲蓄」。生物中，也有會囤積獵物的物種。然而，這些物種的行為，絕大多數只是遵從習性的行動。

另一方面，人類還可以想像未來。

儲蓄並不是人類與生俱來的天性。而是後天習得的特質。

也就是說，存得到錢的人與存不到錢的人之間的差別，在於「學習的差異」。存得到錢的人，領悟到「與其想要什麼就立刻買到手，不如為了將來把錢省下來，才能得到更高的報酬」，並成功變成儲蓄體質。

總之，存得到錢的人與存不到錢的人之間的差別在於「思維」。存不到錢的人，沒有採取存得到前的思考法。

反過來說，存不到錢的人只要切換成存得到錢的思維，就能存得到錢。

透過以上說明，你應該了解了自己為什麼不能照自己所想的去做。

想改變行動，必須切換思考，把目光放在當下。因為，我們只能從當下的狀態開始改變。我在第二章要介紹有助打造未來型思考的知識。

首先，想要有目的地存錢，就一定需要計畫（Plan）。因此，我們需要的是「理財計畫」。

一個人容易漏財，很大的原因就是沒有專屬的理財計劃。

簡單來講，理財計畫應照下列順序展開：

1. 掌握現在的「收入」、「支出」、「資產」、「負債」。
2. 在延長線上，預測未來的資金。
3. 預測所需的養老資金。
4. 掌握未來的資產狀況與養老資金的差距。
5. 擬定填補落差的手段。

理財計畫的具體擬定方法，會在第三章之後詳細說明。

利用理財計畫，決定金錢的用途和分配，就能安心、輕鬆的邁向目標。

20年後，85歲才領得到退休金？

其實，理財計畫從很久以前就存在了。但是，這個單字是最近才常常出現在網路上。

為什麼理財計畫現在才開始受到關注呢？那是「因為以前幾乎不需要」。

日本經歷戰後的復興期，景氣持續繁榮，被稱作「奇蹟般的成長」。最後盛開出泡沫經濟這朵「虛幻的花」，宣告終結經濟高成長。

在顛峰時期，日經平均指數逼近四萬點、地價飆漲，根據計算，東京的土地價格甚至漲到可以買下整個美國（日經新聞電子版，二〇一三年一月十四日「什麼是泡沫經濟？」）。

當時的上班族，被視為「穩定的象徵」，進入公司上班、幾年後貸款買房，再過幾年把房子賣掉，就可以賺到一筆錢。

當時，上班族只要肯努力，「退休後也可以拿到幾千萬日圓的退休金，悠哉舒服地養老」。

那個年代的人，根本不需要理財計畫。因為，那時候連郵局的定存利率都高達六至八％。

也就是說，不用主動思考資產運用和如何活用資金等，只要靠定存，財富就會一直增加。

然而，這樣的時代已經過去了。

現在的日本社會，浮現出各種制度的缺失。其中，對我們影響最大的就是「不能再靠公共年金」。

不能再依賴公共年金的因素之一，是「給付年齡的提高」。

日本厚生年金制度的年金給付年齡，原本是五十五歲。在一九五四年施行的新後生年金保險法中，將給付年齡提高至六十歲（起初只有男性）。當時，厚生年金分為報酬比例部分（增額部分）與定額部分（基礎部分）。

爾後，年金制度經過數次修正，給付年齡越修越高。一九九四年修正後，男女的「給付年齡皆為六十五歲」。

而國民年金從設立（一九六一年）之初，就規定從六十五歲開始給付。然而，就現狀來講，日本國民可以選擇在六十至七十之間請領國民年金，在六十歲以前請領年金，則給付金額將減額。

其實，早在一九八〇年的時候，就已經有人提案將厚生年金的給付年齡提高至六十五歲。

然而，由於反對聲浪太多，因此遲遲無法通過法案。十四年後，法案終於通過，而實際上將給付年齡全面提高至六十五歲，則要等到第一次提案後的五十年（二〇三〇年）。

然而，近年社會制度變化的速度加快。

例如，高齡者雇用安定法修法後，自二〇一三年起企業有義務雇用希望繼續工作的員工至六十五歲。

但是，儘管如此，五年後的二〇一八年九月，日本政府表示「將鬆綁現實退休規定，讓有工作意願的人能工作到七十歲」。

而二〇一九年一月，厚生勞動省也開始檢討「將公共年金的給付年齡延後至七十五歲」。

相較於厚生年金要花五十年才能把給付年齡延後5歲，社會制度的變化速度快了十倍。

政府之所以會接連提出這類政策，是因為面臨少子高齡話導致勞動人口大幅減少、高齡人才活用等迫切的課題。

國家規定企業將員工的雇用延長至六十五歲，並且將年金的給付年齡延後至六十五歲。在一切就緒後，現在又延後雇用時間，規定企業有義務繼續雇用員工至七十歲。

照這個速度來看，等我們老了之後，「給付年齡很有可能變成八十五歲」。如果真的變成這樣，我們就必須工作到八十五歲吧？

年金制度不會垮，但是……

過去的日本，基本上只要照著「終身雇用制」、「退休金制度」、「豐厚的年金」等社會制度走，就不需要理財計畫。

但是，這樣的社會保障模式，是建立在經濟成長的前提下。隨著時代的變遷，現在這些制度也面臨了極限。

「少子高齡化的趨勢，終將導致社會保障費增加到難以負擔的地步」，這類悲觀言論也跟真的一樣，在社會中傳得沸沸揚揚。

其中，更出現「年金制度即將破產，我們老了之後，根本領不到年金吧？」的謠言，認為會「繳越多虧越多」。

或許是因為這個原因，我也看過新聞報導說「最近有越來越多欠繳國民年金保險費的情況發生」。

厚生勞動省年金局「平成二十九年度（二〇一七年）國民年金加保、保險費繳內情況調查報告」顯示，二〇一六年度的國民年金繳費率為七一．五％，比前一年減少了一．六％。至同年年底，在六千七百三十一萬名加保者當中，欠繳人數增加至一百五十七萬人。

即使是學生，只要是居住在日本、年滿二十歲以上的成人，都會強制納保並負有繳納義務（部分人士除外，另有緩繳制度）。

若沒有繳納保險費，很可能拿不到遺族年金或障礙年金等保險費。

若繳納保險費有困難時，只要透過申請就能適用免除制度，請務必注意，不要被謠言混淆視聽。

要我下一個結論的話，就是公共年金制度不會崩壞。年金制度若會崩壞，一定會引起社會的恐慌。

身為全球第三經濟大國的日本若發生這種事，也會對全球經濟造成重大災害吧！在全球化趨勢下，日本的問題已經不只是日本的問題。

所以國家該怎麼解決這樣的問題呢？答案早就已經出來。

「延長制度的壽命」。

延長我們的工作期間，等於可以從薪水中扣除社會保險費。若國民工作得越久，持續繳納保險費，就可以延後年金的給付時間。

像這樣，國家努力增加保險費的繳費對象，減少年金的給付對象。只要「多進」、「少出」，就能維持制度的運作。

奇怪？好像在哪裡看過這句話？

沒錯，我在第一章提到，想要「存錢＝把錢留下」，就應該讓

收入＞支出

政府也在執行這個方法。

實際上，這裡也有用到資產運用的概念（與個人的部分一樣）。

在這類國家政策中，對我們影響在大的就是「目的地的變化」。

目的地在這裡指的是上班族的屆齡退休，以前的屆齡退休規定是六十歲。到了現在，則延長至六十五歲，可想而知，未來很可能又改成「六十五歲↓七十歲↓七十五歲……」。

心想「再工作幾年就可以拿退休金」的人，對於這樣的變化，應該會感到相當震驚吧。

雖然政府有設立過渡措施，但給付年齡確實逐漸延後的事實，想必讓接近退休年齡的人感到不安。

這就好比在途中對原本認為「跑完四二．一九五公里就達陣」的馬拉松選手說，「全程改為五十公里」。

聽到這樣的通知，已經想好配速和體力分配的選手，對於突如其來的狀況，會感到不知所措吧！

國家也努力在延長制度的壽命。也就是說，「目的地越來越遠的現象」未來也將持續上演。

就算年金給付年齡延後，我們的工作年數還是有限。最糟的狀況，有可能是退休後還要等十年、十五年才領得到年金。

理財計畫就是為了因應這樣的狀況而存在。

人總有一天會無法工作

我要在這一章節談談在規劃養老生活時，不容忽略的前提條件。

我先整理出一般人認為的養老生活重點。

- 從六十五歲開始支領公共年金，預估夫妻兩人每個月可支領約二十二至二十四萬日圓的年金。
- 假設六十五歲退休，平均壽命八十五歲，則要準備二十年的生活資金。
- 一般人的想法是「夫妻兩人的生活費每個月二十五萬日圓。包含閒錢在內，將必要資金扣除年金後，該怎麼補足不夠的生活費？」

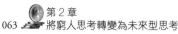

• 在公共年金維持現狀的狀況下，規劃養老生活。
• 基本上，一般人是在領完存款和退休金的預想之下，規劃養老生活。

這是一般社會大眾所認知的養老生活規劃。

然而，我認為若以這些條件為前提來規劃養老生活，對個人而言是相當危險的。

首先，就像我所說的，現在六十歲以下的人，在六十五歲支領年金的前提下擬定理財計畫，是有風險的。

國家為了維持制度，很有可能砍退休金。在保險費收入難以增加的情況中，政府也只能讓全體國民一起分攤少許費用。

接著，就生活費方面，社會大眾大多認為「老了之後，生活費會減少」。這種想法的根據來自「小孩都獨立了，不用再花教育費」、「繳完房子貸款了」等。

可是，基本上以目前的生活水準為基準來規劃養老資金，是比較安全的作法。如果不這樣做，老了之後就要強迫自己降低生活品質。

男女的平均壽命與健康壽命

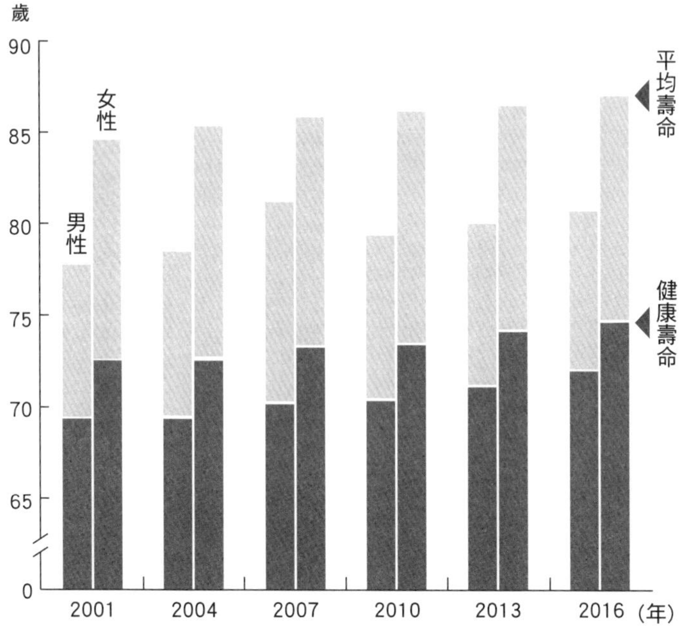

註：依據厚生勞動省的資料製成。

那麼，讓我來舉二個規劃老年生活必備的前提條件。

第一個是「我們無法決定自己的壽命」。

萬一你準備的生活資金只夠活到八十五歲，但卻活到九十歲，該怎麼辦？

第二個前提條件是「一般壽命與健康壽命之間，約有十年的差距」。

健康壽命是WHO（世界衛生組織）在二〇〇〇年所提倡的概念。健康壽命的定義是「不因健康問題導致日常生活受限的生活期間」。

目前，人類由於邁入高齡而無法自立生活至臨終的這段期間，大概有十年（請參考前一頁的圖）。

知道這個事實，你或許會感到害怕，但並不需要擔心。

我們的養老戰略有二點，分別為：

1. 自己決定什麼時候退休。

2. 建立機制，讓自己不用啃老本過日子。

每個人對養老的解釋不同，本書將之定義為「勞動收入歸零的時候」。

之所以一開始就要決定什麼時候退休，是因為如果不先決定，就無法預自己至離世前還有多少年，因此也無法決定要準備多少錢。

通常，以上班族來講，屆齡退休就等於「引退＝養老」。

除了屆齡退休，也有其他自己決定退休的方法，例如「提前退休」。

應該有很多人憧憬提前退休，但根據不同的看法，這也是將老年生活提前的行為。若停止勞動的期間變早了，就必須在短時間內準備龐大的資金，造成現在的負擔變重。

另一個自己決定退休的方法是「執行混合象限」，也就是擁有其他收入來源。

與自僱者、企業所有人或投資者等象限混合，各自產生相乘效果，就能提高退休時期的自由度。

我認為到了八十、九十歲還想靠勞動獲得收入的人占少數，不過，我們應該把這些因素都納入考量，極力規劃符合現實的老年計畫。

資產形成的方程式（收入－支出）＋（資產×利率）已經成為過去式？

接著是「建立機制，讓自己不用啃老本過日子」。這個機制是指「老了之後，只靠投資獲利等生活」。

橘玲的暢銷書《如何撿到黃金羽毛讓自己致富二〇一五設計智慧人生的方法》（《お金持ちになれる黄金の羽根の拾い方知的人生設計のすすめ》，橘玲著，由日本幻冬舍在二〇一四年出版），闡述了將資產用來投資的重要性。

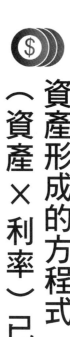

在這本書中，以「世界上獨一無二的富豪方程式」為題，介紹了這個公式：

（收入－支出）＋（資產×運用報酬率）

從這個方程式現在廣為流傳來看，可見其有效性已經得到證明。

雖然「資產×運用報酬率＝變有錢的方法」是對的，但若徹底分析這個公式，會發現也可能令人承擔不必要的風險。

你應該也聽過「風險與獲利成正比」這句話。總之，意思就是獲利高，風險也高。

在經濟成長的時代，「資產×運用報酬率」的想法是沒有問題的。由於在那樣的時代，連存款的利率也很高，所以不會有危險。

若追求獲利最大化，就可能誤判退場時機。一旦虧損，為了想把錢賺回來，就會持續賭，直到把本金輸光。

這裡要全球三大投資大師華倫．巴菲特（Warren Buffett）為例作說明。

巴菲特本身就對數字很敏銳，IQ也很高。因此他在十幾歲的時候，就開始在賽馬場兜售賽馬報，預測賽馬結果。

他為了提升賽馬的預測準度，持續觀察後發現，很少人在一輪比賽後就離場。而且，更令他驚訝的是，有人甚至是依據騎師的服裝顏色或生日來選賽馬（《雪球：巴菲特傳（最新增訂版）》，天下文化，二〇一八年出版）。

雖然這是有趣的故事，但也反映出某種事實。

這種人即使贏了，也會因為慣性而賭到輸光，因為他們沒有計畫「玩到多少就停手」、「玩幾局就結束」。

「繼續玩就能贏更多」是將獲利最大化的想法。為了追求最大的利益，無視失敗的危險。

回到原本的話題，養老戰略可說是人生設計最重要的一部分。尤其我們使用養老資金時，已經沒有勞動收入，因此必須以穩定的運用為目標。

所以，一般人需要的不是「最大化」，而是「最佳化」。預估理財計畫所需的金額，若有短缺，則將之納入考量，在最低風險下運用資金，讓自己承擔最適當的風險。

這就是最佳化。

本書建議的標準之一是「我們應該準備每年必要開銷的二十五倍作為養老資金。運用資金，在邁入養老生活後，讓稅後的年利率可達到四%」。

你認為四%「高」或「低」？

接下來，讓我們詳細了解「我們應該準備每年必要開銷的二十五倍作為養老資金。運用資金，在邁入養老生活後，讓稅後的年利率可達到四%」這段話。

首先是「準備每年必要開銷的二十五倍」這句話，這是指如果決定六十五歲退休，資金就要準備到九十歲；若決定七十歲退休，資金就要準備到九十五歲。

不過，我在前一章節說過「我們無法決定自己的壽命」，對吧？因此，我們也可能活到九十五歲以上。

根據二〇一七年出版、引發熱烈回響的《一〇〇歲的人生戰略》（林達・葛瑞騰等著，商業周刊二〇一七年出版），「在日本，估計二〇〇七年以後出生的人，有一半會活超過一百零七歲」。

活超過九十五歲，也能免除經濟壓力的方法，就是在邁入養老生活後「利用保險年金這種沒有賠本風險的商品，讓年利率可達到四％」。

我將利用「杯水」的比喻來說明這一點。

我將水比喻為錢，杯子裡的水指的是存款。杯中的水，當然喝了就沒了。當我們還在工作的時候，由於有勞動收入，所以每個月水龍頭都會流出名為「薪水」的水，倒滿杯子。

問題在於當我們沒了勞動收入的時候。如果水龍頭沒水了，杯子也會逐漸見底。大眾所認知的養老戰略，基本上是聚焦於怎麼做，「杯子裡的水才不會減少？」。

然而，無論飲水量控制得再小，只要沒有繼續加水，就會有枯竭的一天。若不想讓水杯見底，就必須思考其他出路。

安裝勞動收入以外的水龍頭，方法之一就是「利用投資獲利增加財富」。從「投資」這個象限的水龍頭，加入名為獲利的水，只喝新加進來的水，杯中的水就不會變少。

這就是活在人生一百歲時代的我們，應該擬定的養老戰略。

但是，你對本書所訂下的標準「年利率四%」有什麼想法？你覺得四%算「高」？算「低」？還是「差不多」？

讓我們來看一下民眾的回答。

【回答1】「四%太高了吧？銀行的存款也才〇．〇一%而已。」

↓這麼回答的人，思考很正常。這種人大多是沒受過「重傷」的保守派，反過來講，資產大多是銀行存款，也是他們的特質。

【回答2】「四%太低了吧！這種報酬率根本不值得一提。」

↓投資與投機的界線模糊、很可能因短期趨勢的震波動（價格上下震盪）而嚴重虧損。這種人一旦有了趁勝追擊的心態，就像我前面所說的，就可能演變成「賭到輸光」的慘況，因此請務必小心。

【回答3】「有四%，就能穩定運用了吧？」

↓認為四%差不多的人，頗了解目前全球的市場趨勢，或者，有在積極投資國內外股市、不動產等，也就是說，他們是有一定投資經驗的人。

目前，日本國內低風險的金融商品，淨利率大致上都不滿一%，但若將眼光放遠至全球，就能利用稅後利率確定的商品，讓獲利率達到四%。

正在「戰場上」打拚的人，可以承擔些許價格的震盪，但養老還是應該講求穩定運用。不過，我們不必像大眾所認知的養老戰略一樣，小心翼翼地喝著杯子裡的水。

洗腦只要靠「某個東西」就不難

聽到「機制」，你或許會覺得好像很難，但實際上相當簡單。

存錢的機制，基本上是指強制性的把錢分成幾等分。有名的方法之一，是本多靜六的「薪資預扣四分之一存錢法」。

本多先生出生於江戶末期的貧農之家，苦學後成為東大教授。他在清貧的家境中，強迫自己存下薪水的四分之一，存到本金後開始投資，最後終於致富。

實際上，存錢本身並沒有那麼難。難的是「思想控制」。

很多人聽到我有開設理財學校後，會這麼說：「太難的東西就跳過吧，直接教我怎麼做就好」。

確實，就投資方面，無論是有錢人投資或我們一般人投資，只要於同一時間在相同條件下以同樣的價格投資相同的商品，理論上都會產生一樣的結果。

而且，只要砸錢下去就對了，不需要特別的技術。

既然如此，為什麼大多數的人投資失利？

其實，投資的成敗，早在投入金錢之前的階段，就已經決定了。

就結論來講，我們早就已經知道投資或存款的方法。

你或許會想「有了機制，就算不進行思想控制，也能存到錢吧」。那麼，讓我們來看一個例子。

以前，有一個人「就是存不到錢」。假設這個人叫做C先生。C先生的年收入超過二千萬日圓。

C先生的職業是醫師。醫師就職前的修業年限長且工作繁忙。或許是在多重壓力下，所以C先生必須尋求宣洩管道吧！

我們為他想到一個方法，強迫他建立存錢的機制。我們讓他開立定期存款。

但是，幾天後，我們得知一個令人驚訝的消息，C先生自己把定期存款解約了。每個月的收入高達一百五十萬日圓，卻連三十萬日圓都存不了。

看完這個例子，你應該可以了解到，光有機制也可能無法妥善運用！

重點在於，自己要先了解「為什麼存錢？」、「存錢的目的是什麼？」。

你或許會想「我知道一定要存錢。但是，知道歸知道，還是控制不了地把錢花掉」。

想存錢，但不自覺地花掉，就像我在第二章一開始就說過的，是因為人類原本「就會當場把獵物吃掉，這是人類行為的基本法則」。

儲蓄不是人類的天性。既然不是我們由衷想做的事，就難以持之以恆。

那麼，怎麼做才能變成存錢腦？

方法就是利用自己的「欲望」和「恐懼」。

尤其，據說人感到恐懼的時候，敏感度會高出好幾倍。若打從心裡害怕，恐懼則會變成行動的原動力。

例如，我在自己的商業講座中，一開始會先讓學員面對自己的欲望和恐懼。創業會面臨重重的困難。為了讓學員不會在遭遇困難時感到挫折，我先讓他們做一項作業，寫下自己的欲望和恐懼，並定期檢討。

若不了解自己內心的欲望和恐懼，就會不知道「為何要這麼做？」，導致目的不明確。藉由列出欲望和恐懼，就可以清楚知道自己的願望和想逃避的東西。

一旦目的確定了，就能掌握內心的行動「基準」。

而進行欲望與恐懼作業時，我們是運用5W1H來寫下自己所感受到的「欲望」與「恐懼」。

方便的話，你不妨也花點時間做一下這個欲望與恐懼的作業。你或許會有意外的收穫。

比「增加」更重要的是「不要減少」

上班族的薪資即使碰到天花板，但支出很可能不減反增。例如，房貸、小孩的教育費、漲稅、通貨膨脹導致物價上漲等……，許多因素都會讓支出增加。

為了補足支出，現在很多人都會想到「副業」。

目前，社會正加速對副業的認同。

二〇一九年四月起，日本依序施行勞動改革相關法，其中的改革重點則為「加班規定」。

由於限制加班的時代趨勢，所以過去仰賴加班費過活的人，收入將會減少。

差。

大多不能加班、生活變拮据的上班族，想到的是……利用下班時間晚上兼差。

這麼一來，立意良好的勞動改革很可能變成「夜間兼差取代加班」。

很多人為了彌補加班費的損失，容易急病亂投醫，例如到其他公司兼職以增加勞動時間，或隨便投資來開源。

然而，從前面看到這裡的你，應該已經知道這樣的行為是錯的。

你應該做的，不是找一份時間單價低於正職的工作，廉價售出自己的時間，也不是亂投資。這樣的行為，就好像看著自己流血的手臂說「糟糕，吃點肉來補充營養」吧！

手臂流血的時候，應該想辦法先止血，錢也一樣，應該先避免錢繼續從自己的口袋中流出。

我會在第三章中介紹具體方法，這裡我想先說明「變身為儲蓄體質的基本思維」。

上班族想立刻增加收入特別困難。通常上班族每個月的薪水都是固定的。雖然無法控制自己的收入，但錢匯入戶頭後，可以一〇〇%由自己控制。

減少支出的關鍵在於，明確找出「不知道錢花到哪裡」的部分，以及「在不降低滿足感的狀況下，把可以用其他東西替代的物品」汰換掉。

在這裡，讓我們來看一個例子。這是理財學校學員D太太的案例。

D太太家裡共有三個人，先生是上班族，育有一名子女。家庭年收入約六百萬日圓。D太太也有打工幫助家計。她之所以會來報名學校，是因為小孩上私立學校的學費很貴，幾乎存不到錢。

財務策畫師（FP）為她進行家計診斷，建議她先換掉壽險和電信費，卻馬上被拒絕。她表示「忙著做家事和打工，沒時間去換」。

原來，擬定理財計畫這件事，並沒有得到她丈夫的理解，所以難以採取實際的作為。

因此，我們請D太太的丈夫一起參與討論，他了解孩子將來的學費、養老所需的資金以及改善家計的必要性之後，也同意協助並將家計交由太太掌管。

首先，我們先調整了保險和電信費的部分，為他們家每個月省下五萬日圓，這個金額已經接近D太太打工的收入。

節省開銷並能維持生活滿意度的D太太，在使用FP所介紹的家計簿APP之後，發現他們家有很多浪費的地方。

D太太開始思考哪些東西能刪減，最後她從小地方開始省起，例如把很少看的雜誌和遠距教學課程退訂、換掉咖啡品牌、採購比較划算的大包裝食品等。

透過努力減少外食、幫老公和小孩準備便當等，最後D太太每個月成功省下將近十萬日圓的花費。

他們用省下來的錢，每年舉辦一次家族海外旅遊、小孩升國中時，包括私立學校在內，可以選的學校變多了，輕輕鬆鬆就能提升生活滿意度。

D太太表示，她現在學會了「減法思考」，懂得想「學費貴了一萬日圓。那哪方面的支出可以減少？」

D太太之所以可以逐漸變為儲蓄體質，是因為感受到「再這麼下去，存不到養老資金」的危機感。另一方面，也是由於「不想讓獨生子負擔他們老了以後的生活費」。

若只是持續增加支出，不用說存錢了，連維持現狀都會有困難。最重要的是，不要讓手頭上的錢變少。

這就是增加資產的基礎思維。我會在後面介紹增加收入的方法。

不要被資訊操控的訣竅是什麼？

在目前資訊氾濫的社會中，要分辨「哪一個資訊是正確的？」並不容易。分辨資訊的方法，與前一章節談論的「比增加更重要的是不要減少」，有異曲同工之妙。

意思是，最重要的不是「什麼是正確的？」，而是「什麼是錯的？」這是「加之前先減」的想法。

與其想迅速從亂七八糟的資訊中找出「對」的，不如先刪除錯誤的資訊，才更有可能得到需要的資訊。

未來型思考的人懂得「建立自己的判斷標準」。因為一旦自己內心有了判斷標準，未來就能在各種場合中運用。

讓我們來看一則例子。這是全球三大投資大師吉姆．羅傑斯（Jim Rogers）的例子。

所有人一開始都是菜鳥。羅傑斯就讀大學時在投資打工，那是他第一次接觸投資。後來，他在華爾街與同為全球三大投資大師喬治．索羅斯（George Soros）合作，成果豐碩。

如此成功的羅傑斯表示，當他還是初學者的時候，也曾因為聽信前輩的話而慘賠。

他在自己的著作中表示「幾乎每次聽信別人的消息後才發現是錯的，散波消息的人不是自己也一知半解，要不是就是扭曲事實」（《投資大師羅傑斯，人生、投資養成的第一堂課》，吉姆．羅傑斯著，時報出版，二〇一三年）。

羅傑斯在這本書中也寫道「想要成功的人，必須擁有強烈的好奇心和質疑的態度」。

因為，即使別人推薦你投資標的，最終決定「投資」的還是你，而且你必須承擔投資的結果。

「我照他說的投資卻賠錢」，自己當然要自負投資虧損。

因此，我們必須學會自主判斷。也就是說「心中要有一把尺」。

能做出正確投資判斷的人，有各種比較的對象。

例如，他們會比較過去的失敗與現況、比較列入追蹤的投資商品、比較各家公司的商品、進行地域性比較、比較各國差異等，由於有多種比較對象，所以能夠迅速判斷，並提升準確度。

其中最有效的是「了解市場行情」。想要投資，就要先比較日本日經平均指數、美國S & P 500指數及道瓊工業指數等人人都可以取得的資料。

了解市場行情，才能察覺異常值。針對大幅背離市場行情的商品，我們應該去思考背後的原因。

進行獲利率低於市場行情太多的投資，是沒有意義是。

反過來講，一個商品之所以獲利率高到驚人，一定有原因。

「為什麼獲利率會那麼高？」，若不能找出明確的答案，就不應該投資這個商品。

分辨有用資訊的訣竅是，針對你「相信」的部分，研究大量的例子。

重點是不要單下結論說「這個錯了」，而是去想「為什麼錯了？」，讓自己了解原因。

就這樣的觀點來看，自己的失敗經驗，是學習的絕佳機會。

很多人不想承認失敗，所以假裝若無其事。但是，這樣就無法將失敗活用在下次的機會中。

正因為不希望再經歷慘痛的教訓，所以從失敗中成長非常重要。

第3章

實踐！擬定理財計畫

擬定理財計畫的三步驟

我已經在前面談到我們目前的處境、為什麼需要理財計畫以及應該擁有怎麼樣的思維等。

在這一章，我要開始解說規劃理財計畫的前提條件，還有具體的三個步驟。

請看一看第九十五頁的的圖表。這是一則新聞資料，對照六十五歲之後三十年的養老支出與公共年金收入。

看到圖中「金融廳報告書」的地方寫著「報告書指出短缺二千萬日圓」的人，應該會相當訝異於「公共年金竟然這麼不夠用！」。

65歲之後30年的支出與年金收入？

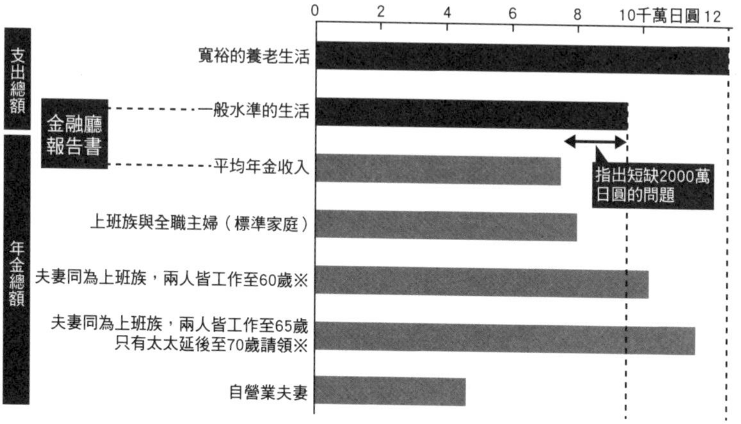

註：寬裕養老生活的數據是根據壽險文化中心的調查所示，報告書則是家計調查中，高齡退休夫妻的部分。

※是根據上班族男女雙方的穩定收入進行試算。

資料來源：日本經濟新聞電子版2019年6月19日。

解讀這份養老金報導的時候，必須注意有哪些前提條件。在這份資料中，有以下三個前提。

①公共年金是照目前的標準給付。

②基於平均值計算。

③前提是，養老生活會把儲蓄「慢慢花光」。

這是該資料的前提條件。本書將這三個前提條件，重新定義如下。

①給付時間未定的公共年金不列入計算。

↓年金只是附加價值。讓你不必仰賴年金也能達到目標的理財規劃。

②自己設定養老金的目標。

↓退休後，年金給付時間也可能延後。

③退休後也能穩定運用資產。

↓目前是基於全球標準，在沒有虧本的風險下，以年利率四％為標準。

因此，無論可以領到多少公共年金，每個人對生活品質的要求不同，所需的養老金自然也不同。

請參考本書擬定理財計畫，不要被制度和報導牽著鼻子走。

那個，讓我們開始介紹擬定理財計畫的三個步驟。

〈擬定理財計畫的三個步驟〉

第一步：掌握現況

第二步：設定目標

第三步：選擇手段

第一個步驟是掌握現況。想要掌握現況，就必須記錄收支（家計簿）。

聽到我這麼一說，應該有人會瞬間興趣缺缺吧？所以，為了讓你變積極，我要來介紹一個例子。

我要介紹的例子，出自教人如何致富的暢銷書《原來有錢人都這麼做：效法有錢人的理財術，學習富人的致富之道》（湯瑪斯．史丹利，久石文化，二〇一七年出版）。

這本書裡提到一位客戶多為富豪的會計師亞瑟．吉佛德（Arthur Gifford）。本書的作者訪問吉佛德先生時問道「什麼樣的人，會利用你的預算．支出計畫系統？」，他是這麼回答的。

「會想要了解支出流向和金額的，只有擁有巨額資產的客戶。」

身為會計師的吉佛德先生，服務的對象包括有錢的客戶和一般客戶，但是會管理支出的只有有錢人。

從這段話中，你應該看得出來紀錄收支對於打造自己的資產有多麼重要。

現在有各種家計簿ＡＰＰ都免費提供民眾使用，請你一定要善加使用，紀錄收支。

下一個步驟是設定目標。其實，理財學校的學員，大多都是因為苦惱於「不知道要以多少錢為目標」，最後才會找上學校。

就「退休時，到底要有多少存款？」這個問題，可以先設定一個暫時的目標值。在執行理財計畫的過程中定期修正、改正反而比較重要。

例如，假設老年時每個月的生活費為三十萬日圓，若準備二十五年的額度，理論上就需要九千萬日圓的本金。反過來講，即使備妥了這個金額，只出不進的話，也只夠用二十五年。

然而，若以年利率四％（以下全部都以稅後的金額計算）來運用九千萬日圓，由於每年可入帳三百六十萬日圓的利息，所以獲利即相當於生活費的金額。

這麼一來，你所擁有的資產不會減少，光靠獲利就能生活。

你或許會想問「最後這九千萬日圓會怎麼樣？」，基本上，會一直存在著。本金可以作為意外發生時的備用金。

我們的理財計劃，沒有把年金列入計算。由於年金的給付年齡很可能延後，所以未來要擬定理財計畫的人，應該將年金當作附加價值。並且，試算的時候，應該以保守的數值預估。

我這麼一講，應該有人會想「什麼，九千萬日圓?!」。實際上，運用複利是基本方法。天才物理學家愛因斯坦（Einstein）說過一句名言「宇宙中威力最強大的就是複利（The most powerful force in the universe is compound interest.）」，複利的力量就是這麼強。

在仍然在上班賺錢的階段，這段十年以上的期間，我們保守預估年利率落在六至八％。在這裡，我們利用中間值年利率七％，來簡單比較一下差距有多少。

現在，假設有一位三十歲的上班族，持續三十五年每個月存三．五萬日圓到銀行（本金一千四百七十萬日圓），以銀行定期存款利率〇．〇二％來計算，最後這筆錢變成多少？答案是，三十五年後會增加到一千四百七十三八．萬日圓。經過了三十五年，卻只增加三．八萬日圓。這個數字存在感相當弱，幾乎快跟這段期間內付給銀行的手續費打平了。

另一方面，在相同條件下，進行年利率七％的定期定額投資，三十五年後這筆錢將增加至五千九百二十一．四萬日圓，而且，若一開始就再投入三百日圓的既有資金，加快速度（本金一千七百七十日圓），則這筆錢最後會變成九千一百七十七．六萬日圓。

九千萬日圓的養老金，聽起來好像很虛幻不實，但只要培養複利＋長期運用的基本觀念，就變得非常實際可行。

連續35年每個月存3.5萬日圓的結果？

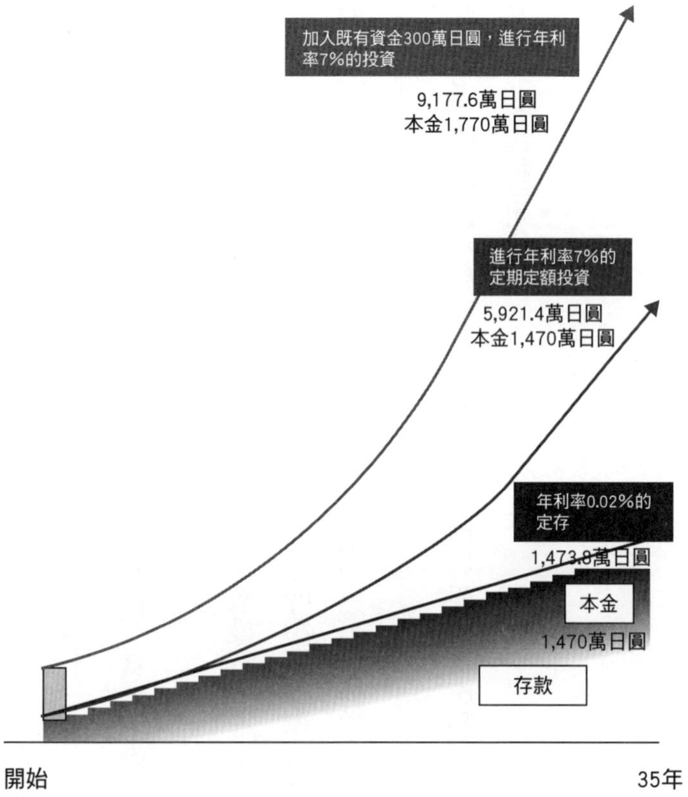

每個人的資產狀況、家庭結構、對未來的展望等不同，目標設定也會跟著改變。這就是財務策畫師（FP）能發揮專業的地方。

後面會寫到目標設定的訣竅，敬請參考。

最後的步驟是手段的選擇。

我說過很多遍，實際上很多人都是在第三步驟失敗。

我最常被問到的就是「要投資什麼？」。

然而，從第三步驟開始執行理財計畫是不對的。

掌握現況，略算未來的收支結果，若確定「這樣無法達到目標額」，就應該開始檢討自己冒風險投資的行為。

「以前都是月光族，從這個月起要每個月存五萬日圓」，決定了卻無法持之以恆並感到挫折的人，通常是因為沒有掌握現況，不清楚自己實際上可以存多少。

急於增加財富，卻虧損連連的人，也是因為沒有分析現況和訂定目標，所以不了解自己能承擔多大的風險。

由於不了解，所以就會去「追求高報酬率的商品」。

透過以上的簡單介紹，你應該明白了「理財計畫的順序非常重要」。

把握4＋1（「資產」、「負債」、「收入」、「支出」＋「期間」）

擬定理財計畫的目的，在於妥善管理、運用自己的資產，讓資產額達到理想的目標。

不過，談到收支，就會出現「資產」或「負債」這類大家比較不熟悉的用語，所以應該有很多人會感到抗拒。

不熟悉這類用語的人，可能會問「什麼是資產？什麼是負債？」，而前面介紹過的《富爸爸，窮爸爸》這本書，明確回答了這個問題。

有一次，富爸爸（朋友麥克的父親），對十幾歲的作者羅伯特・清崎說「我來教你致富的訣竅」。

那個秘訣就是「有錢人擁有的是資產」，「中流以下的人得到了負債，卻把負債當作資產」……。

我第一次看這本書的時候還是上班族。「資產會讓你的口袋生錢」、「負債會讓你的口袋漏財」，當時看到這些話的我，受到很大的衝擊。你只能去熟悉這些用語。即使談到收支，也不會出現任何艱澀的公式，請放心。

那麼，讓我們進入「把握現狀」的步驟吧！

想要了解資產狀況並預測未來，就要在「資產」、「負債」、「收入」、「支出」這四個項目上，加上「期間」，檢討這五個項目。

第一個是「資產」。看到資產，你第一個想到的是什麼？現金？存款？兩個都對。若更詳細一點來看，日圓、美金等外幣、虛擬貨幣、股票、投資信託、公司債、國債、壽險、不動產、貴金屬等都是。

掌握現況的時候，首先要從確認自己所擁有的東西開始做起。外幣、虛擬貨幣、股票、投資信託、不動產等價格浮動的資產，要以現價換算價值。

就保險方面，確認保單內容，檢查在什麼樣的情況下會少領多少保險金、內容有沒有重複、繼續保險有沒有意義等。

接著是負債。負債指的是借款。

例如，檢查自己有多少房貸、車貸、學貸、信用卡分期付款、信用卡貸款等。

檢查時，不要只確認金額，也要同時弄清楚「利息幾%？」、「總還款額多少？」、「什麼時候可以還完？」等事項。

接下來是「收入」。以上班族來講，通常薪水就是收入。

其他還包括投資獲利、副業收入、網拍收入等。

就自營業者來講，若收入會受業績影響，那就跟可以領到獎金的上班族一樣，將年收入平均成十二個月來計算。

再來是「支出」。支出是指收入的使用方法。由於支出是理財計畫中特別重要的項目，所以我會在下一章節中詳細說明。

最後是「期間」。期間分為兩種，一種是「獲得勞動收入的期間有多久？以及有多少？」。另一種是「從開始養老至離世，這段期間有多長？」就像我說過的，養老是從「沒有勞動收入的時候」開始算起。就壽命方面，由於已進入號稱「人生一百歲的時代」，因此越年輕的人越要以一百歲為計算基準。

打破支出的「黑箱」

那麼，我要來談談掌握現況的階段中最重要的支出。通常師財務策畫師在診斷家計簿的時候，會把焦點放在支出上。

檢查支出的最大目的有兩個，包括：

1. 增加手頭上的錢。
2. 把手頭的錢變成投資的本金。

手頭上的錢是指支出費用後剩下來的錢，也就是「收入－支出」。

意思是，錢留下來才能變存款。透過檢查支出，就能存到錢。當你成功節省一萬日圓的支出，效果就等同於增加一萬日圓的收入。

當然，支出的刪減有一定的極限。所以，我才會建議採行混合象限。

那個，第二個目的「把手頭的錢變成投資的本金」又是什麼意思？

例如，在發薪日前，你的銀行戶頭裡還有五萬日圓，你必須持續追蹤支出，才能知道「把這五萬日圓拿來投資，會不會有問題？」

若想要掛保證地說「這個錢可以拿來投資」，就必須掌握現況。

很多人之所以「難以掌握現況」或「花很多時間來掌握現況」，是因為他們的支出已經「黑箱化」。黑箱化是指「不曉得錢花到哪裡的狀態」。

造成支出黑箱化的原因有很多，其中之一便是「付款方式多樣化」。

信用卡公司現在有提供很多付款方式，包括「平均分期」、「獎金一次付清」、「半年或一年一次繳清」、「分期定額付款」等。

由於一次繳清比較便宜，所以或許對消費者較有利。但是，如果照商家的建議選擇各種付款方式，最後就會不知道自己到底繳了多少錢。

典型的例子就是壽險。有些人在保險員的建議下買一堆保險，再加上付款方式不一致，導致根本不知道自己到底買了多少錢的壽險。

世界上常常有人因為「對未來感到憂心」，所以投保太多壽險，超過自己所需，但是投保壽險以「必要最低限度」為基本原則。

由於日本的社會保障制度比其他國家健全，因此上班族只要加入社會保險，就不必杞人憂天。

若要我提出一個大略的數字供大家參考，我的想法是以三十歲單身的狀態而言，只要投保約五千日圓的壽險即可。

有家室的人，假設太太是全職主婦、小孩未滿一歲、還沒購屋等（沒有任何遺產），也只要買二萬日圓左右的壽險就夠了。不過，即使金額方面符合標準，很多人的問題卻是契約內容與自己的需求不合……。

造成支出容易黑箱化的另一個原因是，雙薪家庭且採取「夫婦各自使用自己錢包」的理財模式。雖然家裡面有好幾個人一起賺錢是優勢，但除了共同分攤的費用，彼此都會不了解對方有多少存款、把錢花在什麼地方。

儘管家裡有兩個人在賺錢會比較有安全感，但這樣一來家庭收入會變得不透明。而且，很可能因為有付生活費，所以會覺得「有盡到義務了」，導致雙方出現「有多少花多少」的傾向。

該怎麼做才能破除黑箱？紀錄收支（家計簿）就是最好的密技。

尤其，「夫婦各自使用自己錢包」的家庭，應該盡量由夫妻任何一方管理家計，或者至少要做到共同管理。

我在前一章例子中提到的全球三大投資大師之一吉姆．羅傑斯，在其著作中說過以下這段話。

「就我家的狀況來講，由於我對家裡比較了解（金錢方面），所以是由我全權管理。讓最會理財的人管理家計，是致富的捷徑」（《世界的な大富豪が人生で大切にしてきたこと60》，吉姆．羅傑斯，PRESIDENT出版社，二〇一五年出版）。

就連億萬富翁都自己管理家計。

雖然狀況因人而異，但大部分的人都只掌握一半的家計狀況，另一半則黑箱化。

面臨這種情狀，應該記錄收支（家計簿），讓黑箱透明化，並從已經掌握的部分著手改善。

紀錄二個月的家計簿，就能清楚知道該做哪些事

「想改善支出，就必須記錄收支（家計簿）」，雖然有人一看到這句話，就會露出抗拒的表情，但是並必須要一輩子紀錄下去。

能持之以恆當然再好不過，但是在理財學校，我們的建議是「至少記錄二個月的家計簿」。

計錄二個月，就能對數字的差異有一定的了解，因此二個月比一個月更能清楚掌握一個人使用金錢的方法。

並且，家計簿的紀錄方式，基本上只要計錄收支就好。但是，每年要付好幾次的支出，則要將整年的支出總額平均成每個月的數額。

總計的時候，並非連一塊都要分毫不差。

就算差幾千日圓也沒關係。

自己實際上記錄家計簿，一定會有新發現。

常常有人一開始心不甘情不願地記錄家計簿，卻在下次面談時露出開朗的表情說「學到這招真棒」、「我終於知道錢都花去哪裡了」。

透過家計簿，我發現很多人浪費錢都是因為習慣所致，例如「只要有人約聚餐，就一定會參加」、「習慣順便繞去超商，看到什麼就買」、「花太多錢在興趣上和買衣服等」。

即使每一筆錢的金額都不大，但累積下來卻相當可觀。

只要掌握現況，大多可同時找出癥結點。大多人在財務策畫師提出建議錢，就知道自己該採取什麼行動。

也有學員在支出的黑箱透明化後，發現自己原來不知道自己的負債有多少。「不清楚自己有多少負債」，有這種傾向的人，大多是習慣利用信用卡借款和預借現金的人。

越是這樣的人，在初次面談時，越回答不出「總共借了多少預借現金？利率多少？」。他們的想法是「反正每個月還二萬日圓。二、三年就還完了。」

他們主觀認為「借五十萬日圓，每個月還二萬日圓，大概二年就可以還清了吧？」

但是，有些人在確認過後，才發現原來總共借了八十萬日圓，說什麼二年，五年才能還清債務。

尤其，借款的分期定額付款是不利於使用者的服務。

由於不論刷了多少錢，分期定額付款的金額仍是固定的，所以很多消費者利用過這種服務後，就會深陷於此種付款方式的便利性。

然而，若草率地使用該服務，由於付款金額不變，因此債款會迅速累積。定期定額付款是「還款難＝虧損易」的方式。

最近，電視廣告是不是常常推薦民眾利用定期定額付款？

對於信用卡公司來講，利用定期定額不斷地把錢借出去，就能持續吸顧客的血，是對自己很有利的機制。

萬一，你被卡債追著跑，甚至已經影響到日常生活，我建議你盡快找財務策畫師諮詢。

「不到那樣的地步，但還是想解決預借現金借款和定期定額付款的問題」，有這種想法的人，可以選擇加速還款。

首先，你應該重新檢視支出。

我會在後面說明檢查的要點，不過利用家計簿，大部分的人就可以節省二至三萬日圓。

「該不該提前還款？」這也是常常出現的問題之一，而我的答案是因人而異。意思是，如果你的投資報酬率高於債款利率，那麼與其提前還錢，不如留著債務，運用手頭上的錢來賺取利差。

反過來講，若你沒有其他更好的投資方法，那麼提前還款是有用的。因為這跟利用負利率是一樣的。

這個方法套在商場上也一樣。實際上，很多企業都是利用融資來發展事業，唯一理由就是事業的報酬率高於債款的利率。

從以前到現在，我面談過幾百位有財務煩惱的人，幫他們診斷家計簿，很少人「完全沒有支出黑箱化」的問題。

因此，就算你現在還是不清楚自己的支出，也不必擔心。即刻著手就不晚。

記錄應採「發生主義」，不拖延是訣竅

沒紀錄過支出（家計簿）或是在過程中曾遭遇挫折的人，應該會覺得「紀錄家計簿很難」或「紀錄收支需要毅力」吧！

在過程中遭遇挫折的人，主要有三種模式，你符合哪一種？還是每一種都有沾到邊的混合型？

〈紀錄家計簿受挫的三種模式〉

1. 連一塊錢都斤斤計較【潔癖型】

↓有這種傾向的人，請讓採取大而化之的態度，「大略記一下就可以了」。

就像我前面說過的，差個幾千日圓也沒關係。

2. 保留收據【鬆散型】

↓我建議這種人可以把支出輸入手機的家計簿ＡＰＰ。養成習慣，在拿到收據或搭車刷卡時，就立刻記錄到ＡＰＰ中。

3. 分類有障礙【死腦筋型】

↓有這種傾向的人，請不要太緊繃，放鬆心情記錄收支。若一張收據有各類商品，彙整在同一項目也ＯＫ。

對於持續記錄感到壓力的人，也可以像我前面說過的，先以二個月為目標。

家計簿APP則方便使用即可，盡量選擇輸入畫面簡單的APP。

因為最好結帳後，就直接在收銀台前，快速輸入支出。

「記錄應採『發生』主義」，意思是一有支出發生，就要立刻輸入。

支出項目中，若有年繳的費用，則將費用平均成十二個月，在月底計入費用中。假設每年的壽險保費是六萬日圓，則每個月算五千日圓。

其他諸如旅遊費、車檢費、搬家費等，也將預算平均成十二個月，預先計入到每個月的支出中比較安心。

既然說到預算，那我接著要談的，就是我很常被問到的問題之一「除了一般支出以外，要準備多少緊急備用金才夠？」

就像我已經說過的，由於日本的社會保障較豐厚，因此有加入社會保險的上班族，只要準備三個月的必需花費，其他現金運用在無法隨時動用的投資上也沒關係。

例如，若你一個月的支出是二十萬日圓，則準備約六十萬日圓的緊急備用金即可。

自營業者由於沒有失業保險，所以最好準備半年的必需花費作為備用金。

我認為記錄收支可以「熟能生巧」。

一般而言，只要連續記錄二個月以上的家計簿，若你未來有機會和專家討論家計狀況，就可以拿現成的東西出來討論。

「與專家討論之前，希望先靠自己改善家計」，有這種想法的人，我在後面幾章節有提到改善方法，可以直接參考那幾章節的內容。

擬定理財計劃時，有一點要注意。計算時，收入不採年收，而是採用實領薪資計算。

實領薪資才是實際匯入戶頭的錢，用年收來計算的話，實際上的家計可能會變成赤字。用年收來計算的人，會用什麼來補足家計？獎金。

家計過得去的話或許沒問題，但金錢運用還是預先擬定計畫較令人放心。

假設你每年領兩次獎金，那列預算時，就要算入獎金。基本上，請參考前一年，並預估一個比較低的金額。

其實，看源泉徵收票[2]就可以知道自己的實領薪資。這樣一來，就能知道月薪加上獎金的總額，算出更正確的數字。

首先，源泉徵收票上有一欄是「支付金額」，這就是總收入。用這個金額減去「社會保險費等」費用，得到的就是那一年整年的實領薪資。將這個數據除以十二，就能算出一個月的實領薪資。

2譯註：類似台灣的所得稅扣繳憑單。

下載文末的理財計畫表，試著填填看

另外，本書為了回饋讀者，在書的最後有附上理財學校實際使用的理財計畫表網址，供大家下載。

在這一章節，我希望大家一起填寫下載好的理財計畫表。讓我們趕快來看範例，並挑戰擬定自己的理財計劃。

由於頁數考量，我把理財計畫表的使用說明，放在下載網址中。並且，我也稍微修改了表格的格式。

理財計畫表「收入」、「資產」、「負債」

姓名		年齡	25

①

老年生活若想過得安心，在幾歲前必需存到多少錢？

填入年齡和目標資產。

年齡	65

目標資產	9000	萬日圓

※基準是年支出額的25倍

②

請填入月薪（實領）和存款金額（有獎金的人，請加入獎金並除以12）。

月薪	25	萬日圓
配偶月薪	10	萬日圓
合計	35	萬日圓

資產	500	萬日圓
負債	0	萬日圓

理財計劃表「支出」

③

請填入最近1個月的支出內容。

※旅遊、汽車、家電等，請將整年的費用除以12。

支出總額	29.1	萬日圓			
房租	6.3	萬日圓	興趣	1	萬日圓
水電、瓦斯費	2	萬日圓	美容	1	萬日圓
電信費	1	萬日圓	旅行	5	萬日圓
交通費	0.8	萬日圓	車	2	萬日圓
伙食費	3	萬日圓	家電	1	萬日圓
交際費	2	萬日圓			萬日圓
報紙、書籍費	0.5	萬日圓			萬日圓
壽險	2	萬日圓			萬日圓
教育費	1	萬日圓			萬日圓
雜費	0.5	萬日圓			萬日圓
		萬日圓			萬日圓

餘額	5.9

- 支出項目請自行增加、刪除。
- 旅行、家電等部分，若每年支出多次，則請「年支出額÷12」後，再填入。
- 輸入收入和支出後，就可以發現遺漏掉的支出（黑箱）。
- 若想讓黑箱的內容透明化，就必須記錄支出（家計簿）。
- 填入灰色的部分。

理財計畫表（資產模擬）before

理財計劃實現目標設定　案例1　以利率0.02%將存款定存在銀行

目標年齡	65歲	利率	0%	老年生活費	29.1　萬日圓

定額

每個月的定存額	3.5　萬	設定利率	0.02%	儲蓄期間	30年

單筆投資

開始年數	年	初期投資金額	萬	設定利率	0.00%	投資期間	年

國內存款

目前的存款	500　萬	每個月的存款額	5.9　萬

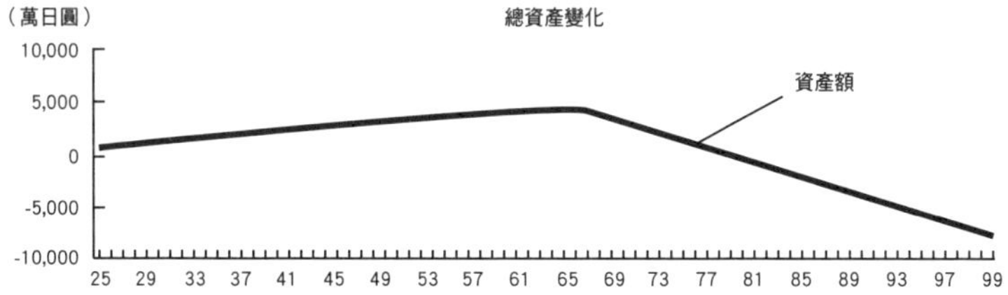

- 工作期間、65歲以後沒有運用資產投資。
- 在案例1中，雖然在65歲之前存到了約5000萬日圓的資產，但79歲的時候就用完了。

理財計畫表（資產模擬）after

理財計劃實現目標設定　案例2　以報酬率7%運用資產投資

目標年齡	65歲	利率	4%	老年生活費	29.1	萬日圓

定額

每個月的定存額	3.5　萬	設定利率	7%	儲蓄期間	30年

單筆投資

開始年數	年	初期投資金額	萬	設定利率	0.00%	投資期間	年

國內存款

目前的存款	500　萬	每個月的存款額	5.9　萬

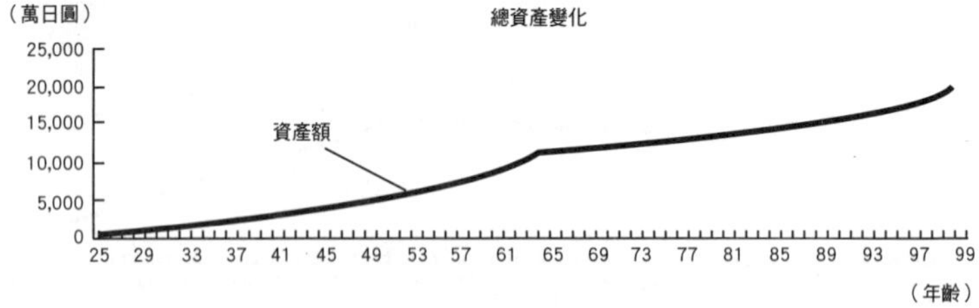

- 工作期間以報酬率7%、65歲以後以4%運用資產投資。
- 擬定理財計畫時，要以案例2為目標，即使活得長壽總資產也不會減少。
- 自動反映出在定期定額投資3.5萬日圓的情況下，總資產的變化。
- 請在「實現時的月支出」，填入養老生活費的理想金額。

基本思維是「不要刪除高心靈滿足度的開銷」！

實際擬定自己的理財計劃，資產現況就會變得一清二楚。

接著，終於要進入改善支出的部分了。

改善支出的要點有三，包括：

1. 基本上，不要讓自己感到痛苦。
2. 若想消除對於節省開銷的抗拒，就要「衡量」一下。
3. 不知道如何判斷時，先暫時停下腳步。

你一想到「節省開銷」，就覺得「好痛苦，感覺很窮酸」吧！尤其，很多人一聽到「節省開銷」，就會從伙食費開始減。

的確，在支出當中，伙食費是最好刪除的項目，這是事實。

然而，假設一個原本每個月伙食費四萬日圓的人，把伙食費降到三萬日圓，他會覺得「好像會餓死」。

這麼一來，他最後可能會失去節省開銷的動力。因此，伙食費暫時不變也沒關係。

相同道理，刪減興趣方面的花費也會引發情緒波動，因此會產生抗拒感。不過，若興趣方面的花費，明顯占收入的比例太高，就不能套用相同的說法。

在這種狀況下，請「衡量」「現在的興趣」與「理想的未來」兩者間的輕重。

「衡量」是指在心裡比較現況和未來的可能性。

例如，假設有個人每個月花五萬日圓在興趣上，那他就要去比較「要繼續每個月花五萬日圓在興趣上，讓自己變月光族嗎？」、「還是把興趣方面的開銷降到三萬日圓，二萬日圓用來投資，將原本七十歲退休的計畫，提前到六十五歲？」。

如果你會感到痛苦，在痛苦的狀態下是無法持之以恆的，但是比較過後，你會轉而想「若是為了美好的將來」，那就可以持續下去。

人原本就無法長期做令自己痛苦的事。快樂才能持之以恆，是很正常的。

也就是說，訣竅在於「如何把省錢變成一件快樂的事？」

所以「怎麼省才會感到快樂？」那就是省出成果的時候。即使只有一點點，留在手邊的錢都會變成快樂。

若你認為「光是比較，也不會想要存錢」，那我還有另一個方法。

那就是「把自認為〈不能少〉的開銷，暫時省下來」。讓我們來看一個案例。

這個例子是一個三十幾歲的上班族E先生，他的夢想是創業。想要拓展人脈幫助自己創業的E先生，積極參加自我啟發講座和異業交流會等活動，也經常出席聚餐。

這是某一天發生的事。E先生在別人的介紹下，認識了某中小企業的老闆。他非常雀躍，認為「結識了貴人」。這位老闆跟他也非常投緣，盛情邀約他參加聚會。

「和他保持連繫，或許可以有不錯的機會」，心裡這麼想的E先生，只要這位老闆開口，什麼聚餐都參加。

然而，由於這位老闆每周都約他聚餐，因此他開始感到疲憊。而且，對自己的創業完全有幫助。

在這樣的狀況下，財務策畫師建議他「先停止任何你認為必要的聚餐，若真的需要再參加也不遲？」

聽到財務策畫師這麼建議的E先生，試著一個月拒絕所有的餐會邀約。結果，他發現以前常常哭窮、挖東牆補西牆，現在這些問題通通憑空消失了。

非但沒有留戀，甚至連煩惱都沒了，無事一身輕。

自此之後，E先生不再參加聚餐。也因此得到了驚人的節省成果。

「這真的是我需要的嗎？」人若只用腦袋想這個問題，通常只會光說不做。因此，怎麼想都想不出結論時，「試著讓自己回到原點」也是很有效的做法。停下來後，若出現「戒斷症狀」或「生活出現困擾」，就代表這個東西對你而言確實是必需品。但是，若沒有上述情況發生，就可以判斷「沒有這個東西，你也可以活得好好的」。

人們常說「心靈滿足感很重要」。

然而，試著放下你認為「沒有它不行」的東西，其實很多時候你會發現「它沒有你想得那麼重要」。

刪減效果較高的是「電信費」和「人壽保險費」

我在前面的章節說過「請衡量現在的快樂與未來的快樂之間的輕重」。一談到「刪減開銷」，就不免想到「必須忍耐」，而我們卻無法一輩子忍耐。我們並不需要為了省錢忍耐一輩子，而是為了改善現況，在當下以生活必需品為優先。

等狀況改善後，再重新排列優先順序，況且等到狀況有所改善後，你心裡的期待或許也會跟著改變。

診斷家計簿，能達到較高刪減效果的項目是「電信費」和「人壽保險費」。現在的電信費已經非常便宜。

二〇一九年六月十八日，日本總務省召開行動電話費用專家會議，逐步達成正式決議，首先是預計於同年秋天針對智慧型手機導入新規定。目前（二〇一九年六月），公布了以下規定。

- 將目前三大電信公司對客戶收取的解約違約金，從九千五百日圓降為一千日圓。
- 與電信合約（無綁約）搭配的手機，價格最多只能降二萬日圓。
- 禁止以綁定長期合約為條件，降低手機價格。
- 將現行「有／無綁定兩年合約」方案之電信費差距，調降至一百七十日圓以內（原本為一千五百日圓至二千七百日圓）。

日本政府的主要目標，是透過讓使用者更容易換電信公司，來促進價格競爭，降低電信費用。

並且，電商龍頭樂天也預計自二〇一九年十月起投入手機市場，未來的手機業或許將呈現截然不同的新面貌。

目前，廉價電信業者的費用，還是比大型電信業者推出的新費率方案便宜。家庭套餐的優惠變多，個人合約的內容則大同小異。

我們向大型量販店的銷售員請教後，他們表示「現場還沒有收到任何公文，說明未來會有什麼改變。」

眾所矚目的樂天手機事業，最重要的是門市數量。若無法提升便利性，或許就不會動搖Y!mobile和UQ mobile的優勢。

儘管業者大力宣傳，但我也經常看到很多人基於「換電信公司太麻煩了」、「因為有加入家庭套餐，所以不能退」，因此繼續支付比較貴的手機費。

實際上，廉價ＳＩＭ卡比家族套餐優惠更便宜。只要稍微忍一下繁雜的手續，每個月平均可以省下約五千日圓。光是電信費，每年就可以節省六萬日圓，我認為很值得考慮。

接下來，就壽險方面，每個月花五萬日圓在壽險上的大有人在。光是壽險，每個月就能省下二至三萬日圓，而且還能對保險更滿意，這樣的事在理財學校就像家常便飯。

一般人想變更壽險保單內容時，會去找保險公司的諮詢窗口。由於可以免費諮詢，所以很多人會前往，但是我不建議這麼做。

因為保險公司的諮詢窗口，是銷售保險的地方。也就是說，雖然你想要退保，但很可能反過來被迫買了新的保單。

通常，免費的諮詢窗口，是藉由收取保險的仲介費來賺錢。

因此，我建議盡量找獨立的財務策畫師諮詢。

所謂獨立是指自己開設金融顧問事務所等公司的人。由於不隸屬於保險公司，所以可以站在顧客的立場做客觀的判斷。

下列二點，是找到專業財務策畫師的訣竅。

1. 找須付費的事務所。
2. 多比較。

這也證明了，在免費資訊氾濫的世界裡，「付費諮詢服務」還是吸引得到客人上門。

然而，其中也有假裝是獨立事務所，背後卻有保險公司的事務所。因此，同時運用訣竅1和2，就能提升找到優良事務所的機率。

在第一家有聽不懂的地方時，就繼續找第二家、第三家諮詢，最後就能了解對方在說什麼。

另一個分辨優良事務所的要點是，討論之前「沒有要求你準備家計簿等資料」的財務策畫師，很可能也是「偽獨立工作者」。因為真正的獨立工作者，不會浪費自己和客戶的時間。

保持「用盡一〇〇%」的想法

在理財計畫的第一步驟掌握現況，讓自己的支出透明化後，就大概可以知道哪些地方需要改進，例如「竟然花這麼多在娛樂上」、「外食費用比想像中高」。

因此，若沒有透過第一步驟，就無法真正「知道該怎麼改善」。

的確，從自己的收入和每個月的結存，也能設定大略的目標。然而，這樣做卻無法完全解除對未來的憂慮。

這就是為什麼你過去學了一堆省錢方法，卻仍然「存不到錢」、「生活品質沒有改善」、「有學但沒是沒用」的原因。

那麼，讓我們進入下一步。假設你已經掌握現況，參考前面的省錢秘訣，減少開銷。在自己的能力範圍內，減少電信費、保險費、娛樂費、外食、伙食及日用品等費用。

最後，即使你每個月可以存二至五萬日圓，你還是會懷疑「這樣就可以了嗎？」沒錯，這樣代表你已經建立了打造資產的基礎。但這樣仍不算真正對症下藥。

因此，接下來要擬定「打造未來的預算規畫表」。

編列預算時，請參考第一四二頁圖表中的支出建議值。將支出輸入卷末附贈的理財計畫表後，會以百分比來顯示目前各項花費的占比。請對照建議值來編列預算。

實領薪資與每月支出的推薦比例

儲蓄、資產運用	教育費、自我投資	保險費
25～30%	10%	1～3%
居住費	水費、瓦斯、電費	伙食費
0～25%	3～5%	10～20%
電信費	交通費	日用品
3%以下	5%	3～5%
交際費、零用錢	治裝費、美容費	休閒娛樂
10%	5%	5%

由於每個人的收入和家庭組成等的狀況不同，因此我用百分比來表示預算的範圍。

也請你下載卷末附贈的理財計畫表，將每個月的實領薪資和各項支出輸入後，對照我建議的百分比值。

唯有一點要注意。在計算百分比時，作為分母的「月實領薪資」，不是用每個月匯入銀行帳戶的薪資，而是將包含獎金在內的整年實領薪資，除以十二之後的月薪。

像這樣把金額均等分割的行為稱為「平準化」。

請將數值填入表格，比較基準值和理財計畫表自動算出的各項支出占比。

實際上算一算，你應該會發現自己的支出占比與基準值有落差吧？你會發現一些在掌握現況的階段中沒注意到的部分，例如「房租比平均值高」等，那麼就可以改善這一點。

改善的訣竅就是我前面說過的，利用衡量的方式進行比較。

編列預算的要點在於「擁有將預算按月平均分割，並且把預算用完的思維」。盡量不要有其他支出，照理財計畫表的規劃生活。

我這麼一講，應該有讀者會認為「我們又不是機器人，這樣過日子太無聊了」。

正因如此，所以才要妥善分配休閒娛樂、冠婚喪祭的費用，並且把這些錢「花光」。

必須把預算花完的理由，是因為要屏除「有剩就能存起來」的想法。

所以，節省休閒娛樂的開銷，把錢存起來，聽起來好像不錯，但太過省東省西，是無法持之以恆的。

不照預算走，預算最終會名存實亡。及時行樂是讓理財計劃能長久執行下去的秘訣。

如何決定適當的「目標」？

在這裡，我想再度檢查理財計畫的「目標」。

擬定理財計畫的目的，是「決定自己〈退休＝邁入養老生活的年齡〉，在退休前，存夠自己理想中的養老資金」。

因此，一開始必須決定「什麼時候退休？」，才能開始擬定理財計畫。

我們在診斷家計簿的時候，一定都會問當事人「希望幾歲退休？」。

聽到這個問題，大部分的人都會說「越早退休越好」。

我已經說過，養老生活是從沒有勞動收入後開始算起。

因此，早退休也代表著提早進入養老生活。

所以，到底什麼樣的目標妥當？什麼樣的目標不妥當？我們來看一下G先生的例子（三十八歲，單身），我前陣子才剛他面談過。

G先生擔任健身教練。存款不到一百萬日圓。由於單身沒有牽掛，所以花錢不手軟。

G先生從以前就夢想著「開一間健身房」。

然而，財務策畫師診斷過G先生的家計簿後，表示「照現況來看，假設七十歲退休，從現在起要每個月用五萬日圓進行年利率七％的投資，才能存到養老基金」。

財務策畫師建議他「若想在五十歲以前退休，就要每個月存五十萬日圓」，聽到這些話的G先生，面對現實，啞口無言。

自此，G先生像變了一個人一樣，他把財務策畫師的話放在心上。因為他體會到健身教練是勞力活，所以「不可能一直做到七十歲」。

現在，G先生照FP的建議，除了每個月定額投資五萬日圓之外，為了早點退休，每個月也開始另存三萬日圓。在工作方面，也努力增加收入，提升自己的專業。

很遺憾的是，如果只是做白日夢，想像美好的未來，未來是永遠不會實現的。想要讓現實生活更接近理想狀態，「認清現況」和「設定實際的退休年齡」非常重要。

另外，設定好實際的退休年齡、編列理財計畫的預算後，最後就可以開始設定目標。

或許有人會想「設定目標和前面說的編列預算，有什麼不同？」。編列預算是為了重新檢討目前的花錢方式。

而目標設定是指「決定將來的目標」。

不過，大部分的人被問到「老了以後想過怎麼樣的生活？」，大概都回答不出來。

設定養老生活的目標時，有兩個訣竅，第一是「以現在為基準」。即使難以想像未來，但總不會有人不了解現況。因此，以現況為基準，回答下列三個問題，檢討養老基準的增減。

〈理財計畫目標設定的三個必問必答〉

1. 希望提升或降低生活品質？還是維持現狀？
2. 哪些費用是目前需要，但退休之後不需要的？
3. 有哪些現在做不到，但退休之後想做的事嗎？

就第一個問題來看，若想提升養老的生活品質，就要增加預算；若想降低生活品質，那預算就可以少一點。

就第三個問題，假設「希望退休後，每二年出國一次」，則就必須編列生活費以外的旅行費預算，將平均分割後的金額，加入預算中。

大概就像這樣，決定退休後所需的生活成本。每個人的需求和現況，都會形成很大的個人差異。

設定目標的第二個訣竅是「目標和退休年齡都可以只是暫時的」。萬一你覺得「不好」，都可以更改。

從受薪階級目前的雇用情況來講，決定六十五歲退休的人占多數。當然，這樣也很好。

先把一切控制在可以六十五歲退休的狀態，再慢慢朝理想的退休年齡努力，這也不失為一個目標設定的基準。

消除對未來的不安

擬定理財計畫的基本方法大致如上，而在檢視整體財務狀況，擬定理財計畫時，應該抱有三點思維。

首先，第一個思維是「預先消除對未來的不安感」。意思是「做好準備，事先消除對退休後的不安感」。

應該會有人想說「現在就開始擔心養老，也太像老人了」。

為什麼我們會建議男女老少事先為退休生活做打算？這是因為越早打算養老生活越有利。

越早開始準備養老基金，每一次的負擔額就越小。我們可以讓時間站在我們這一邊，就能及早消除對未來的不安。

你或許會感到意外，不過越長期的投資，越好看懂數字。請試著想像股票等金融商品價格的走勢圖。同樣一檔股票，若將走勢圖設定為「一天」，就會看出價格的大幅震盪。但若設定為「十年」，價格就顯得較平穩，完全看不到一天的大幅震盪。

我經常聽客戶說「不想做這份工作做到七十歲」、「無法想像要在這家公司待到退休」。

有這種想法的人，我還是希望你能以持續做現在的工作為前提，開始檢討家計。

首先，維持現狀，決定自己的目標，對養老生活有一定的計畫後，再去思考「自己真正想做的工作是什麼？」。

先決定退休計畫，前來諮詢的人就能少一個擔憂，也因此能更專注在改善現況上。

雖然若不具備完整的條件，就很難跳槽、成為獨立工作者或創業，不過我們可以自己為退休做準備，因此決定權在自己手上。假設暫時「沒有好的投資標的」，也可以把錢存著等待機會。

讓我們繼續說明擬定理財計畫時必備的第二個思維。那就是「別想依賴公共年金」。

就像我在第二章說過的，目前年金制度會持續改變，我們很難預估二十年後、三十年後制度會改成什麼樣子。

雖然「別想依賴公共年金」的意思是「不要把公共年金列入退休計畫的預算中」，不過，這與「年金破產」又是兩回事。

儘管不至於領不到年金，但我們可以想像未來年金的給付年齡一定會繼續延後。

在這樣的狀況下，若退休計畫太依賴年金，萬一面臨緊急事件，倒楣的也是自己。

等到確定「無法如期請領年金」，才發現自己沒有勞動收入、沒工作能力……，光想到這一點就令人害怕吧！

與其等到這種時候才來擔心，不如在還能賺錢的時候，做好萬全準備，賺「自己的年金」。

擬定理財計畫必備的第三個思維是「退休後也要繼續投資」。我說過好幾遍，我們無法決定自己要活到幾歲。

目前，平均壽命與健康壽命之間差了約十年。意思是，在這長達十年的歲月裡，必須有人照顧自己。是國家？還是家人？實在不確定。

因此，想在長壽社會生存，臨終前都要持續投資是基本原則。希望在人生中身為前輩的我們，不要為子孫添麻煩。

另外，讀到這部分的讀者，若有人會碰到遺產的問題，我建議最好能盡快處理。請把遺產和養老金當成兩件事來思考。

現在，日本全國有很多人以「減少厚生年金、國民年金屬違憲」為由，而對政府提告。

實際上，有很多人在失去勞動收入後，由於原本可依賴的年金被大砍，導致生活陷入困頓。

根據日本厚生勞動省的調查，目前只支領國民年金（基礎年金）的人，其平均支領金額為五萬日圓。就財政而言必須降低年金的給付額，且日本政府也在研議這個給付額未來是否也應該適用於每一家庭的所有人。

二〇一六年通過的日本年金改革法，將社會保險的適用對象擴大至短時間勞動者。這也表示國家正在「增加納稅義務人」並「減少給付額」。

儘管歷經了一波三折，但社會確實往我們所預測的方向在改變。

活用理財計畫表，人生大逆轉！

本章一開始在「實現理財計畫的三個步驟」中有提到「以年利率四％運用九千萬日圓，每年可以獲利三百六十萬日圓，拿獲利就能作為每個月三十萬日圓的生活費」。

要存到九千萬日圓，以四十年來計算，每個月必須存約二十萬日圓。

一般上班族很難四十年間每個月都穩定存到這個金額。

因此，我才會有第二章「採取最低風險」的想法。

例如，假設現在有一位H先生，診斷家計簿後，每個月成功節省十萬日圓的開銷。H先生即使可以每年存一百二十萬日圓，三十年下來也只能存到三千六百萬日圓，根本不可能有九千萬日圓。

但是，若以年利率七％進行投資，就可以在三十年間形成一億一千七百萬日圓的資產，定期定額投資八萬日圓就能達到九千萬日圓的目標，剩下的二萬日圓還能自由運用。

下一個案例中的J先生，原本很抗拒利用投資等方式增加資產。

但是，他有一千五百萬日圓的存款可以當作投資的本金。除了這筆存款之外，他每個月還額外用四萬日圓投資類似保險的保本型理財產品，以年利率四％投資三十五年後，他的資產來到九千五百三十萬五千八百日圓。他在可接受的風險範圍內，實現了理財計畫。

這就是投資的力量。擬定理財計畫的過程中，重新檢視財務狀況後所存下來的錢，即可成為投資的本金。

接著，讓我來介紹上班族M先生的案例，他實際運用理財計畫表後，獲得戲劇性的改善。

M先生目前三十歲。二年前，他以自營業者的身分擔任保險業務員。每張保單他都能從保險公司抽成。

業績好的時候收入跟著高，但以月平均來看，月薪大概落在二十五萬日圓。剛結婚的太太薪資跟他差不多，因此新婚之際的生活算是相當優渥。

M先生一開始是因為「想靠投資發財」而學習理財。

當時M先生的家庭是典型的土豪型家計。夫妻兩人住在月租十四萬日圓的大樓、應酬費每個月八萬日圓、講座費每個月五萬日圓、旅行費每個月五萬日圓……，幾乎存不到錢。

下一頁是M先生當時的理財計畫表。

不過，他的太太不久後就懷孕了。

「老婆開始請產假的話，就沒辦法維持一樣的生活」，M先生被迫另尋對策。苦思到最後，他放棄從事自營業，重新回到保險公司上班。

事到如今，M先生下定決心開始改善家計。

首先，他把啃掉家庭收入一大半的豪華大樓退租，搬到五十五平方公尺大小、租金八萬日圓的公寓。

電信費也換成廉價手機，將一家人的費用控制在一萬一千日圓左右。他也停掉不知道到底有沒有效的自我啟發課程。

旅行方面，也透過在旅行社上班的家人，把原本每年約六十萬日圓的費用，降到每年四、五萬日圓。藉由上述的努力，原本約五十萬日圓的支出，降了大概一半。

也因此，他每個月可以存到十五萬日圓，現在，他把一整年的存款拿來單筆投資。

M家改善前的家計簿

實領薪資（獎金除以12後，加入月薪計算）

月薪	25	萬日圓
配偶月薪	25	萬日圓
合計	50	萬日圓

改善前

支出細項

支出總額	51	萬日圓			
房租	14	萬日圓	嗜好	1	萬日圓
水電瓦斯費	2	萬日圓	美容	1	萬日圓
電信費	3	萬日圓	旅行	5	萬日圓
交通費	2	萬日圓			萬日圓
伙食費	4	萬日圓			萬日圓
交際費	8	萬日圓			萬日圓
報紙、購書費	0.5	萬日圓			萬日圓
壽險	4	萬日圓			萬日圓
教育費	5	萬日圓			萬日圓
雜費	0.5	萬日圓			萬日圓
		萬日圓			萬日圓

月收支額如下。

收支餘額	-1

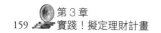

而且，除了財務之外，他還得到另一個大收穫。

為了生活回到公司上班的M先生，在保險公司累積與顧客諮詢的經驗，進而培養了優異的顧問管理能力，並被公司選為最佳顧問。

M先生現在的願望是自己開一間顧問事務所，也正在籌措創業資金。

他為了家庭放棄自營業者的身分，雖然看起來是很痛苦的決定，最終卻變成最佳選擇。

人即使跌倒了，仍有重新站起來的機會。M先生的案例，或許可以給很多人勇氣吧！

M家改善後的家計簿

實領薪資（獎金除以12後，加入月薪計算）

月薪	22	萬日圓
配偶月薪	18	萬日圓
合計	40	萬日圓

改善後

支出細項

支出總額	**24.4**	萬日圓			
房租	**8.3**	萬日圓	嗜好	1	萬日圓
水電瓦斯費	2	萬日圓	美容	1	萬日圓
電信費	**1.1**	萬日圓	旅行	0.5	萬日圓
交通費	2	萬日圓			萬日圓
伙食費	4	萬日圓			萬日圓
交際費	**1**	萬日圓			萬日圓
報紙、購書費	0.5	萬日圓			萬日圓
壽險	1	萬日圓			萬日圓
教育費	**0.5**	萬日圓			萬日圓
雜費	0.5	萬日圓			萬日圓
		萬日圓			萬日圓

月收支額如下。

收支餘額	+15.6

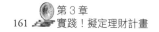

第 4 章

方法建構

投資資金從現金存量和現金流量而來

我在前面已經說明讓你打造儲蓄體質的思維、實際擬定理財計畫的順序，以及設定預算和目標的方法。

若你在這些階段，「單單透過重新檢討支出和理財計畫，就已經做好退休的準備」，是再好不過。

但如果不是這樣，就必須採取其他的行動。

投資資金該從哪裡來呢？只有兩個。那就是「現金存量」和「現金流量」。

現金存量的意思是「儲蓄」，存款即是。

現金流是「流動」的意思，名稱來自金錢像水一樣源源不絕的意象。以上班族來講，薪水就等於是現金流。奢侈成性的人，在沒有存款的情況下還活得下去的原因，就是因為有現金流。

問題是沒有現金流之後怎麼辦。就像我所說的，為了不依靠公共年金，在我們沒有勞動收入之後，只能啃老本或者培養其他的現金流。

投資的重點在於，了解現金存量和現金流的特徵，並運用在投資上。

例如，時間落差必然會形成分散投資，這是利用現金流投資的一大好處。

利用現金流的投資是指，從每個月的收入中，挪出一定的金額來投資，簡單講就是定期定額投資。藉由每個月的固定日固定投資相同金額，達到均攤價格的效果。另外，不要進行單筆投資，把錢分成多筆來投資，也可以分散資金的投入時期。

相較於此，現金存量的優勢在於隨時都能立刻開始形成資產。

一般而言，從事投資時，單筆投入的金額越大越有利。即使利息低，但只要金額一大，利息就會變多。並且，如果處於「手頭上已經有錢」，不必等到存夠錢，「只要有好的投資商品，隨能都能投資的狀態」，從事投資是有利的。

現在只靠現金流過活的人，由於不知道如何打造現金存量，所以很容易產生「報酬率越高越好」的想法。

那麼，我們來了解一下，該如何運用現金存量和現金流。

我在第三章的「記錄應採『發生主義』，不拖延是訣竅」章節中提到，「上班族，要準備三個月的必需花費作為備用金，自營業者則要準備半年的必需花費作為備用金」。

投資時，扣除這筆備用金，把剩下來的存款拿來投資也可以。基本上以這筆錢為本金，同時運用現金流中挪出來的資金進行雙重投資，效果更棒。

若沒有現金存量，就以現金流為中心進行投資。每個月該從現金流中拿出多少來投資？這必須記錄收支才知道。

由於每個月的收入和支出時多時少，因此請以收入少的月份和支出多的月份為基準來估算。

設定一個不會造成壓力的月投資金額，是活用現金流的要點。

全球思維、在地行動

若我說「投資最重要的莫過於資訊」，應該有很多人會接著問「那資訊要到哪裡找？」。

由於世界正走向全球化，所以投資當然也要跟著全球化。

無論你想不想或要不要，想成功投資，就要放眼海外。

我將在下面說明為什麼必須注意海外的商品。既然談到這個話題，我就要提到幾年前引發熱議的一本巨作。法國經濟學家托瑪．皮凱提（Thomas Piketty）的《二十一世紀資本論》（衛城出版），雖然是一本總頁數厚達六百頁以上的學術著作，但卻是一本佳評如潮的暢銷書。

該書追溯至十八世紀以前的資料，深入探討「是什麼機制造成了貧富差距？」皮凱提教授的研究導出了有名的公式「r＞g」。該公式意味著「在人類的歷史上，資本報酬率 r 通常大於經濟成長率 g」。

根據皮凱提教授的推論，人類史上的經濟成長率幾乎都接近零，落在〇・一至〇・二％之間。

相較於此，資本報酬率約穩定落在四至五％。在工業革命前的傳統農工社會，資本報酬率主要是指來自土地的報酬。

自十八世紀中期工業革命開始後，十九世紀的經濟成長率提升至一・五％，二十世紀戰後的戰後復興和全球經濟發展，更將全球的成長率推升至三・五％至四・〇％。

然而，皮凱提教授預測，從歷史的潮流來看，這些數字終究是暫時性的，未來，全球性少子高齡化的演變，將使得經濟成長率在二十一世紀末再度回到一・五％左右。

因此，「投資應該放眼全球」是有原因的。

日本從戰後的復興期至泡沫經濟時代，經濟成長令人驚艷，成長率高達四至九％。

不過，是戰爭後重建荒廢的家園、戰後人口急速增加的特殊狀況，造就了如此輝煌的數字。皮凱提教授表示，在人類史上，低成長才是一般的狀態，景氣繁榮反而才是異常狀態。

現在的日本，已經過了成長的巔峰期，人口也開始減少。所有曲線全部呈現下彎的趨勢。

當然，即使經濟趨勢下彎，但未來日本仍然很有可能出現創新企業和服務。

不過，等這類服務在日本被發掘，或者你搶先一步察覺並投資，完全又是另一回事。

假使你發現了，但投資新創公司伴隨著相當高的風險。

另外，若放眼全球，亞洲等地區有些國家還有有機會重現日本高度經濟成長期。以機率論來看，與其瞪大眼睛在日本搜尋不確定的投資對象，不如現在就去投資經濟成長快速的國家，才有更高的機率增加自己的資產。

本章節的題目「全球思維與在地行動」（Think Globally, Act Locally）原本是環保等領域所使用的詞彙。

意思是「從世界的角度來思考，從自身周遭開始做起」。

或許有人會覺得「從世界的角度來思考」聽起來太虛幻，因此不知道該怎麼做。然而，以投資而言，值得自己投入珍貴財富的投資，其實並不多。

實際上，自己能動用的資產金額和投資期間等，範圍都受到很大的侷限。

因此，請先這麼做。

〈實踐全球思維與在地行動的二個步驟〉

1. 以日本的投資為基準，比較「全球投資與日本投資有什麼差別？」
2. 若有值得自己投資的商品，就要想辦法深入了解這項商品。

首先，請先比比看日本普遍較容易接觸到的股票和投資信託等商品，與全球的商品。比較的訣竅不在於思考「要買什麼？」，而是「海外的商品和日本的商品差在哪裡？」。

並且，最重要的一點是，從「哪個商品值得自己投資？」的觀點去思考。

一般而言，在美國和新加坡等金融先進國，無風險資產之一的國債，利率相對較高。因此，若國債與風險商品（股票、不動產等投資對象）之間的利率沒有明顯差距，通常很少人會投資風險商品。

以現狀來講，由於沒有可以取代國家的信用機構，所以國家發行的國債，大多被視為無風險商品。從事海外投資時，也可以以「該國的無風險資產與風險商品之間的利率差多少？」為標準。

比起投資報酬率，更要注意「報酬率與變動風險之間的差距」

那麼，我們到底該怎麼投資？

進入這個話題以前，我們先來看一個案例。

二〇一九年一月三十日，一直是東京證券交易所MOTHERS市場中市值最高的新藥研發新創企業SanBio，股價打落跌停板。

爾後幾天該公司的股價也續跌，股價在短短幾天內跌到只剩下五分之一。此事件被稱為「SanBio風暴」（SanBio Shock）。

事件的開端起於二〇一八年十一月，該公司公布經過臨床試驗的藥物，證實能有效治療慢性外傷性腦損傷，並期待於「二〇二〇年一月以前通過審核」。

該公司的股價過去大概維持在三千日圓左右的水準，但消息公布後，股價開始攀升，也因為外界期望，所以股價一度飆升至一萬二千日圓以上。

不過，當慢性腦中風的第二期臨床試驗無法達成主要評估指標，治療失敗的消息一出，股價隔天立刻開始暴跌。

SanBio掛牌上市的東證MOTHERS市場，是東京證券交易所主要針對新興企業開設的股票市場。上市標準比東證一部、二部寬鬆，重視成長性，只要符合條件，即使財務赤字也可以掛牌上市。

東證MOTHERS可說是公家的交易所，由於屬新興市場，所以價格容易暴漲暴跌，是高風險高報酬的市場。

實際上，數據也顯示出，很多一般投資人為了追求高報酬而進出東證MOTHERS。

根據日本交易所集團的官網資料，MOTHERS的交易有九〇%以上都是委託買賣，其中個人交易占了約六〇%。

個人交易中，有四〇%為現金交易，其餘六〇%為信用交易（同網站二〇一九年三月至四月各投資部門交易情形、股票交易習慣資料）。

由此可見，有一半以上的個人投資者都是借錢買股票。

儘管東證MOTHERS具有「培育次世代企業」的重責大任，但我們這種兼職的投資者，很難參與這個市場。事實上，SanBio的股價也是因為題材發酵讓股價攻高，而在期望落空後，股價迅速崩跌。

然而，很多人不顧危險義無反顧地投入資金是實情。

「該投資什麼？」，投資受到運氣和時機的影響也是事實。由於我們是選擇投資商品的一方，因此基本上不是從既有的商品中選擇，就是等待自己期待的商品出現後再投資。

也就是說，投資若不能長期持有或有一定的閒錢，就無法承受意外事件發生。若無法承受風險，就可能必須中途解約，被收取多餘的手續費。

「等待」是投資活動中非常重要的策略。

就像前面的 SanBio 案例，一般而言投資信託這類商品的價格震盪幅度較大。所以，投資這類商品時，應該先考量「價格的震盪，會不會影響自己的資產」，而非股利。

另一方面，不動產和債券等商品，價格浮動沒有那麼大。

我想說的是，我們應該投資報酬率高於價格下跌的商品。

像我們這種投資規模小的兼職投資人，應該留意的不是高報酬率，而是「報酬與價格變動風險之間的差距」。

當然，我不否定「想冒險」的想法。但是，有這種想法的人，應該也沒有瘋狂到「投資破產也無所謂」的地步。

若你認為「冒點風險沒關係，可以賺錢就好」，那麼分散風險是比較有效的做法。

我會在其他章節詳細介紹分散風險的方法。

從結論上來講，混合象限的兼職投資人，可以拿一〇%的投資金來冒險。用這一〇%的資金來投資，「就算全軍覆沒也沒差」。若能運用剩下的九〇%來達到理財計畫的目標，那拿一〇%來冒險也沒問題。

若你認為「連一〇%都不想失去」的話，那最好還是收手比較安全。

在SanBio的股票案例中，還有投資人向朋友借錢來投資，最後卻申請破產（有沒有獲准是另一回事）。

除了不動產等投資商品，一般的兼職投資人請避免貸款投資。

為什麼日本的金融商品幾乎都沒有利息？

如你所知，現在即使把錢存在日本的金融機構，財富也幾乎不會增加。雖然現在問這個為時已晚，但為什麼日本的金融機構幾乎不給利息？

金融原本就是法規嚴格的產業。制定嚴格法規的原因之一，是由於「必須防止消費者被奇怪的金融商品欺騙」。

除此之外其實還有另一個原因，那就是為了「保護業者的既得利益」。

由於銀行、保險及證券公司等受到法規的保護，長年不必與海外的強敵競爭，因此即使不努力開發新服務，其生存也不會受威脅。

讓日本金融機構過得如此舒適的是「日本國債」。

我在本叢書第一本書《前一%才懂的「金錢真相」》中，有詳細談到日本目前發行大量的赤字國債來維持國家制度的部分。

國債可說是日本的防護安全網，而購買日本國債的則是日本的金融機構。萬一他們不再購買國債，國家就無法維持制度。因此，國家制定嚴格的法規把外國的金融機構擋在國門外，而金融機構則購買國債作為回報。長年下來，他們的關係早已密切不可分，享盡好處。

況且，從安全性的觀點來看，法律也規定銀行和保險公司「必須將固定比例的可運用的資產，用來購買自己國家的國債」。若由金融機構獨自決定如何運用顧客存在銀行的錢，就有可能將錢用於高賭博性的投機上，引發金融危機。

以目前國債的殖利率來看，日本的十年期國債大概是〇%上下、美國的十年期國債殖利率約二．五%（二〇一九年四月）。

比較日本與全球的金融商品，光是國債殖利率的差距，就會形成金融商品報酬率的差距。

緊接著，殖利率低的原因之一，是因為銷售產品的公司拿到很高的利潤。例如，我們來看一下壽險的手續費。

我們所支付的壽險保險費，可分為純保險費和附加保險費兩種。

其中，保險公司主要把純保險費拿來運用。保險公司運用純保險費來增加資金，並且在被保人發生死亡等情事時，即可作為保險金的財源。

另一項附加保險費的部分，則是保險公司的利益。

然而，日本的公司並沒有公開他們收取了多少附加保險費。唯一有公開的是

LifeNet壽險公司。

所以LifeNet壽險公司收取了多少手續費？答案竟然是保險費的三〇％以上。由於是公開資料，所以想必該公司對此數字相當有自信，但其所徵收的手續費還是有偏高。

而一般的保險公司所收取的手續費更可能高達保險費的五〇％。

相較於此，國外保險公司的手續費，平均落在三至一〇％。

日本的保險公司之所以收取如此高的手續費，是因為廣告費相當高。

你應該也常在電視的黃金時段，看到保險公司的廣告吧？請來藝人拍攝廣告，昂貴的酬勞都是拿我們所付的保險費去支付的。

並且，日本的保險業在業績獎金方面一向不手軟。例如，就算是同一家外商公司，日本和本國的業績抽成制度也可能差了三至五倍。

因此，日本的保險業者將許多經費用在營運方面。

然而，若只把錢用來促銷，最重要的保險內容，就會變得空洞虛無。

你知道嗎？其實壽險的說明手冊中，都沒有寫到淨收益率。反而是寫著預定利率，也就是毛收益率。實際上，這個金額也要扣除保險公司的手續費等。

由於手冊上會寫明解約退還金，因此只要用網路上的複利計算機來逆算，就知道實際上可領到多少。

所以，反過來講，如果不主動去算，就不知道自己實際上可以領到多少錢。

雖然這只是案例之一，但金融業界確實存在著封閉的一面，且重視自身的利益多於顧客的利益。

我們必須做聰明的消費者。首先，第一步就是了解這樣的實際狀況。

考慮購入金融商品時，請一定要留意手續費。

壽險的手續費比較表

類別	手續費（國內）	手續費（國外）
死亡保險	約30%以上 ※1	約10%
個人年金等 儲蓄型商品	約20～50% ※2	約3～6%

※：國外指所有先進國家（S＆P評等高於日本的國家）。

※1：從LifeNet壽險公司官網所公開的資料來推測。

※2：2019年4月，從解約率最高的前10名商品中，從沒有死亡保障的儲蓄型商品的預定利率與淨收益率的差距來逆推。

思考時，就像我在第二章「不要被資訊操控的訣竅是什麼？」中所說的，比較幾個選項，就能找出合適的選擇。

了解利率標準

我想很多人都知道，現在在日本的金融機構，也可以購買外幣和由國外商品組合而成的投資信託基金等金融商品。

那麼，你會問，怎麼做「才能在日本購買國外的投資商並賺錢」吧？

答案就在前面說過的「手續費」。

例如，從國外進口商品，會受到匯率的影響，也會被課徵關稅，投資型商品也一樣。商品在國外組合好後，應該有幾%的收益率可期，但進到日本後，由於仲介業者會介入，並且必須接受審查以符合法規，所以上架時，收益率與日本一般的金融商品便相差不大……。

一直以來都是熱門投資標的的投資信託基金，近年來人氣也逐漸滑落，金融機構被迫轉換商業模式。

最近的投信業界，資金流出量大幅超過資金流入量。報導指出，二〇一九年二月，二年二個月以來，第一次有約二千七百一十億日圓的大規模資金量流出，且二月和三月連續二個月皆呈現超額資金外流的狀態，令投信產業苦不堪言（日經新聞電子版，二〇一九年三月七日，同十三日、四月八日、同十五日）。

短時間內，原本銷路不錯的分配型基金、AI和機器人基金、海外股票型基金等，也出現資金外流的現象，最近的主流則是不限投資類別的平衡型基金。大概是因為看起來綜合了其他商品的優點吧！

但是，我認為光是重新組合商品內容，還是不足以挽回日本投資業的劣勢。

證券公司的商業模式，是擔任股票買賣的仲介，並賺取手續費收入。

也就是說，由於使用人數越多，證券公司就賺越多，所以證券公司會鼓勵顧客頻繁交易進出，以賺取手續費，過度交易的情況猖獗。

雖然日本金融廳多次針對過度交易提出警告，但這裡所產生的矛盾是，若顧客長期持有投資標的，承銷商就不會賺錢。

不只投資信託基金，目前所有金融商品的手續費都很高，大多都會吃掉投資人的利益。

過去雖然手續費高，但由於日本經濟蓬勃成長，所以沒有人在意高額的手續費。但是，邁入低成長期的現在，若手續費跟以前一樣高，投資人就幾乎沒賺頭。

實際上，投資信託基金之所以出現超額資金外流的現象，代表投資人也有問題。由於投資信託基金是以長期運用複利為前提，所以這樣的商品適合在數十年的期間內形成資產，但投資人可能受到短期報告的影響，在短短幾年內就解約。

這麼一來，就無法享有投資信託基金的優勢。

金融業界也已經開始轉向海外尋求活路。未來，想必會加入與外國企業的合併、收購，並共享知識與商品。

日本的服務也會逐漸達到與國外一樣的水準。然而，這還需要一段時間。那個，現在就必須增加資產的我們，該怎麼做？我們不應等待業界有所作為，而是立刻主動採取行動。

我來告訴你們一個尋找投資標的的方法。與其從「未來的漲幅」來思考，不如將重點放在「有哪裡類似過去的走勢？」。也就是所謂的套利（Arbitrage）。

舉個例子來講，在菲律賓經營7-ELEVEN超商的菲律賓七公司（Philippine Seven Corporation，PSC），自一九九八年在菲律賓證券交易所上市以來，股價在十年間翻漲了二百倍。

若在一九七九年日本7-ELEVEN上市時，就持有股票至現在，理論上應該翻漲了一百倍（二〇〇五年將股權全部移轉至7＆I控股公司）。

也就是，觀察日本在高度經濟成長期所發生的狀況，預測新興國家也會發生類似的狀況。

話雖然這麼說，但若問到這些新興國家未來的經濟「是否能成長到進入全球前五名？」，其實也有相當的難度。

因此，投資新興國家時，請務必注意「什麼時候會來到高點？」。

「想要開始投資」的人，應該先了解利率標準，才能判斷你看到的利率「究竟是風險因子？」或是「真正的成長因素？」

投資的風險與報酬表

名稱	運用風險	信用風險
①保險年金商品（以日圓計價）	幾乎沒有。	金融機構倒閉（先進國家還有保險契約者保護機構等保護機制）。
②保險年金商品（以美元計價）	只有日幣兌美元匯差風險。	金融機構倒閉（先進國家還有保險契約者保護機構等保護機制）。
③新建案租金收入	房價下跌、空屋、天災	管理公司不繳納房租、倒閉。
④股票配息	倒閉、配息變低等	倒閉（風險比個股低）。
⑤國債利率	幾乎沒有。	無。
投資的持有期間	**期望年利率（國內）**	**期望年利率（國外）**
① 10年～	0.5～0.9%	////////////////////////////
② 10年～	1.0～1.5%	4.0～4.5% ※2
③ 1年～	2.5～3.5%	8.0～12.0%
④ 1日～	1.3～2.1%	1.9～3.0% ※3
⑤ 1年～	0.05～1.0%	2.0～4.3% ※4

※：國外指所有先進國家（S＆P評等高於日本的國家）。
※1：參考2019年4月的利率。
※2：參考美國、新加坡等壽險公司保險、年金商品的日利率。
※3：參考日經平均指數、S＆P 500指數10年來的各年平均配息。
※4：參考新加坡的40年期國債。

投資前應該知道的二個風險

「想開始投資」的人，以及已經有在投資的人，我希望你們能先了解投資一個觀念。

投資有「運用風險」和「信用風險」兩種風險。

我在本叢書第二本書《前一%的人才懂的「虛擬貨幣真相」》（《トップ一%の人だけが知っている「仮想通貨の真実」》）中有談到這部分，由於是相當重要的觀念，所以我在這裡要重新說明一次。

首先，運用風險是指運用的成果不如預期的風險。

即使投資標的和信託投資公司本身沒有問題，市場動向、流行趨勢等外在因素，以及商品缺陷、信託投資公司面臨意外事件等內在因素，也會發生運用風險。

相較於此，信用風險是指包含信託投資公司在內，投資標的本身所具備的風險。

信用風險大多都是起因於制度不健全。

例如「制度不夠透明」、「不必經過第三方機構的審查」、「沒有建立資金的運用規定」……等問題。所謂的投資理財詐欺，就屬於信用風險的一部分。

讓我們分別來看一下這二種風險的例子。

前面提過的SanBio公司，就是很好的運用風險案例。其他如外匯（Foreign Exchange）也是運用風險的一種。

外匯是指外匯保證金交易，是一種金融商品，簡單來講，就是在市場上買賣貨幣。在日圓走高時買進外幣，在日幣跌的時候賣掉外幣以賺取匯差。

除了有匯差可賺之外，外匯交易還會產生換匯點數（swap point）。也就是兩貨幣之間的利率差額調整金。

日本的利率在全球是有名的低，因此賣出日幣買進外幣，大部分都能賺到換匯點數。尤其，土耳其里拉、南非南非蘭特等非主流或幣，由於利率高，所以非常熱門。

然而，被眼前的換匯點數吸引而買進非主流貨幣，即使得到了高利率，但換回日圓的時候，若外幣下跌的話，就會產生匯損。

實際上，里拉和南非蘭特的匯率每年都在下跌（二〇一九年四月）。以土耳其里拉為例，土耳其總理的強勢言論、無視市場的經濟政策以及與各國的衝突等，都讓土耳其貨幣相當不穩定。

總之，雖然有些發展中的國家提供了高利率，但通常這些國家政權動盪不安、經濟混亂也是實情。我們不應該只注意高利率，也要考慮到換回日幣時會發生什麼狀況，並留意各國的經濟成長率等。

接下來是信用風險的案例，二〇一八年經營女性共租公寓（Share house）「南瓜馬車」的不動產管理公司宣告破產。

不動產投資通常需要較多的資金，若是租屋物件，也要承擔租不出去的風險，是需要商業頭腦的投資法。

不過，專營共租公寓的SMART DAYS公司，推出號稱「零租金還是能賺錢的劃時代投資法」。該公司利用次級房貸，向屋主保證租金收益。

根據該公司前社長在其著作等平台的介紹，南瓜馬車是女性專屬的附家具共租公寓，透過仲介入住者工作和進修工作技能，向企業收取傭金，因此無論房屋承租率高低，都會支付租金給屋主。

然而，該公司將賣屋的錢拿來付給屋主作為房租，這其實是一種很危險的經營方式，像腳踏車一樣，一停下來就會摔倒。

南瓜馬車公寓的融資，幾乎都是由駿河銀行辦理，該公司也遭到質疑，是否是在知道SMART DAYS公司各種不當情事的狀況下發放貸款？。

本應為社會基礎設施的銀行，卻涉嫌為虎作倀，因此南瓜馬車事件帶給社會相當大的衝擊。

該起不當融資僅涉及個人，或牽涉到整個公司？雖然這部分還有待未來調查釐清，不過這類事件其實頻頻發生。

雖然我們不容易看穿對方是否居心不良，但其中一個因應方式就是去調查「是否須經過第三方機構的審查？」、「資金是否交由信託銀行等機構保管？」等等。

不要因為「公司名稱響亮」、「負責人親自出面」或「朋友介紹」……就輕信對方，「他說的是真的嗎？」一定要抱持懷疑的態度，才能保護自己。

不改變目前的生活，也能實踐理財計畫

如何？你應該逐漸抓到投資的要領了吧？

投資就像找房子。

找房子的時候，一定沒有符合「離捷運站近」、「房租便宜」、「裝潢漂亮」、「環境清幽」、「安靜」……等條件的物件。

例如，租金跟房租絕對是翹翹板關係，例如「離捷運站近，租金就高」、「不容易找到CP質高的房子」、「轉乘越方便的車站，租金也較高」等。

相同道理，投資時，價格走勢與殖利率呈也可能呈反向關係。「利率低→穩定」、「利率高→賠掉本金的機率也高」。

因此，投資時，必須衡量風險和報酬的平衡，評估自己可以承受多大的風險，比較過後再做選擇。

首先，我在第一章有提到「增加存款（資產）的方法」是

收入＞支出

再把這個公式進一步分解，即可得到以下二個步驟：

1. 控制支出。（令人獲得滿足感的最低限支出）。
2. 增加手邊的錢。

基本上，這個原則不變。例如，即使因為中樂透而獲得巨富，若不執行這兩個步驟，狀況不會有任何改變。

我在前面已經說過，現在日本的金融商品，由於法規和各種手續費的收取，所以處於低利率水準。

改變需要時間。「急不得」。

如果你現在就想透過投資來增加自己的資產，方法有二種。

〈如何利用投資增加自己的資產？〉

【方法1】投資海外投資商品

【方法2】忍受日本低殖利率的投資商品

※若選擇【方法2】

如果你「不喜歡海外投資」、「還是想投資日本的金融商品來增加財富」，那麼可以選擇壽險、美國國債、日本股市等。然而，由於利率低，所以可以參考本書的建議，先存到一筆錢，再有規模地增加財富。就算利率低，但金額越大，財富增加的速度也越快。

※若選擇【方法1】

若你已經轉變為本書所說的儲蓄體質，而且你想嘗試另一個選項「投資海外投資商品」，那請進一步做選擇。

〈如何利用海外投資增加自己的資產？〉

【方法1】由自己直接進行海外投資
【方法2】尋求海外投資專家的協助

※若選擇【方法1】

選擇「由自己直接進行海外投資」的人，要做比較多的功課，自行蒐集和查詢國外媒體的報導、確認合約內容以及與金融機構交涉合約事宜，以確保收益率。

雖然比較辛苦，但大部分的人都選擇這個方式。利用網路，確實可以在日本進行海外投資，但「是否真的能增加財富」就不一定了。

※若選擇【方法2】

當然，就算你選擇「尋求海外投資專家的協助」，還是要學習投資的知識。我在第一章說明了「把自己不懂的事，全權交由別人處理的危險」。

然而，選擇這個方法的話，專家在當地應該有很多的關係，所以你也有機會得到專家提供的資訊和人脈等。

雖然借助他人之手需要付費，但由於可以節省自己的時間和省去麻煩，所以可以把這筆費用視為必要支出。

第5章

用「混合型象限×理財計畫」實現你想要的人生

想在專家的世界中生存，必須要有「策略」

在第五章中，我想和大家分享幾個實現「混合象限＝擁有多個收入來源」的必備知識。

一般說到「投資家」，很多人腦中浮現的都是像當沖客這種人。

當沖客必須緊盯著畫面上的股價變化，執行買賣決定才可以賺到錢。

也就是說，由於他們用的是自己的時間，所以實際上屬於「自僱者（S象限）」。

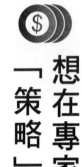

除了當沖客之外，只要是需要技術和經驗的職業，幾乎都是由「自己能投入多少時間在工作上？」來拚輸贏。

藉由花自己的時間磨練技術、累積更多的經驗，勝率也會跟著提升。因此，基本上業餘的人贏不了專家。

話雖如此，但還是有像《主力的思維：日本神之散戶cis，發一條推特就能撼動日經指數》（樂金文化，二〇一九年）作者兼個人投資者的cis先生一樣，以業餘身分開始投資，最後成功變身為投資專家的人。

然而，cis先生從學生時期開始就很會玩遊戲和賭博，他在就職前已經用他擅長的柏青哥，累積了二千萬日圓的資產。

cis先生把他在遊戲方面培養出來的直覺和經驗，運用在當沖投資上。乍看之下好像是兩件不同的事，實際上，過去的經驗卻能派上用場。

當沖客所做的肯定是投資沒錯，但是由於他們是花自己的時間來賺錢，所以與我們的目標「投資者（I象限）」不一樣。

我們想要成為的混合型投資者（I象限），是以兼職投資者的身分運用金錢。基本上，一旦投入資金，就不必再做什麼。

由於投資基金已經用在投資標的上，所以資金處於被鎖起來的狀態，只要沒有解約，就不能自己任意領出，投資其他個股。

雖然I象限的人選擇投資商品時，也要花時間做功課、調查、到當地視察等，但並不是就這樣直接賺錢。

這麼一說，有些人會想「I象限的投資者，還是有花到自己的時間啊？」，不過，各行各業都需要學習時間。

況且，職業本身就是賺錢的手段，所以投資可沒你想像的那麼簡單，業餘者不可能永遠贏下去。

想在專家的世界裡穩固自己的位置，就要運用謀略。

在日本，由於投資尚不普遍，因此民眾似乎對投資抱著錯誤的印象。

其中之一，就是認為「投資只要把錢交給專家，然後等著收錢就好」。即使請教專家意見，最後還是必須由自己判斷是否投資，這才是投資成功的方法。

- 讓自己的錢暴露在風險中，由自己決定如何處理，提升判斷的準度。
- 為了彌補「非專業」的劣勢，付費購買專家的資訊。
- 由於無法像全職投資者一樣花那麼多時間在投資上，所以基本上採取中長期投資。

想成為成功的混合象限兼職投資者，利用這些觀點提升理財計畫的可靠度非常重要。

平凡的上班族，也能翻轉人生

「做生意成功的人，在投資方面成功的機率也比較高」這句話或許有它的道理。

這些人通常有生意頭腦，也有看人的眼光。

所以，上班族不可能靠投資翻身嗎？

當然沒有這種事。我自己也當了十九年上班族，上班的時候完全不起眼，非常平凡。我並非從學生時期就開始接觸商業，而是四十一歲才離職創業。

我簡單介紹一下我從上班族走向創業的這段過程，讓你們參考看看。

我大學畢業時，正值泡沫經濟餘波盪漾的時期，所幸運氣很好，錄取了東證一部上市的老牌公司。

我負責整理出口文件、管理工廠的訂單等，現在想想，這些工作完全不適合我。不過，當時的我根本不知道自己適合做什麼，主管也沒有看出我有哪些潛能。

雖然我只要負責做好主管交辦的工作就好，但有一個部分是我很講究的。無論是什麼工作，我都希望能達到主管的要求，甚至做得更好。因此，每當我做完工作，我都會仔細觀察主管的反應。

而且，若公司要調動員工的部門，我都會積極爭取機會。所以，我累積了各種工作經驗。

不過，每次我調到新部門，都是部門裡職位最低的一位。因此，我也自然學會「怎麼與別人相處，他才會願意分享工作技巧？」、「怎麼在短時間內與對方建立交情？」等。

當時我根本沒料到，這些瑣碎的經驗，竟然有助於我執行管理的工作。

公司業績下滑、開始裁員後，一切開始有了轉機。第二次裁員時，剛滿三十歲的我，拿到了一張資遣表。

最令我深受打擊的是，我視為模範，在心裡認為「等我五十歲的時候，也會像他一樣吧」的人，也被公司解雇走人。

看到公司中高齡員工一一被裁員，彷彿看到「二十年後的自己」的我，拚命地尋找自己的生存方法。

終於，在我得知公司有內部創業的制度時，我下定決心提出申請。也因此，我花了約半年的時間籌備。

我在公司新創的事業是「進駐暢貨中心，創立製造商直營的處分庫存暢貨店舖」。令人訝異的是，公司以前並沒有有效處理庫存的方法。剛進入公司時，我協助過丟棄賣不完的商品，受到工作的影響，我才會企畫出這個創業計畫。

那時候御殿場Outlet剛開業，Outlet風潮剛興起。在自己創立的公司擔任經營者累積經驗，十年後才得以撥雲見日、獨立創業。

三十歲以前，我並未發現自己的管理才能。一般的學生生活和上班族生活，很少有機會可以讓人注意到自己的管理才能。領導才能或許比較容易被發現。

自己不在行或在行的事情，將來都會變成自己的助力。

你現在認為「無意義」的事，以後可能在出乎預料的時刻派上用場。

受僱者（E）想突破障礙跨越至其他象限，還是要靠在公司所培養的能力。

上班族辭職後，幾乎所有的東西都要留在公司。包括公司的招牌、名片、商品等全部資源。

其中有一樣東西，是你可以帶出象限外的。

那就是你本身的知識。我百分之百發揮了自己的知識，突破自僱者（S象限）和企業所有人（B象限）的屏障，並踏入投資者（I）的象限，讓自己涉足所有象限。

我的故事只是例子之一。你也有屬於自己的經驗和知識。

然而，這些經驗和知識仍處於「點」的狀態，散落在你內心。

只有你能把心中的點連成「線」。

未來，我們不能交由公司來發現自己的能力。自己的能力，只能靠自己開發。正式員工制度名存實亡，個人與多家公司簽訂工作合約的時代已經來臨。有能力的人有做不完的工作，沒能力的人必須靠打工等填補生活費。

不管你的想法如何，上班族應該時常探索自己的外部市場價值以因應危機。

該做什麼當副業？

既然談到了副業，謹慎起見，我想再說一次，「副業」是指利用自己的空閒時間來賺錢。相較於此，平常的工作則叫做「正職」。

上班族上班、工作、拿薪水，因此平日的工作即等於「正職」。

我已經在第一章說過，若想透過象限左側的受僱者（E）和自僱者（S）來增加自己的收入，只有二種方法。第一種是提高時間單價。另外一種是增加勞動時間。只能從中擇一，或同時運用。

那麼，從事副業時，我們應該注意的是「時間單價」。

通常從事副業的時間不像正職那麼長。

而若副業的收入已經超過正職工作，那在這樣的階段，就應該把副業轉成正職。這就是「從副業到獨立」的路徑。

因此，開始從事副業時，請一定要對「時間單價」有所堅持。

更何況，這已經和學生時代不一樣。「學習中的你」等於是不完整的商品，因此無法以高單價售出。

我在這裡要再次介紹我從「上班族→副業→獨立創業」的過程。

Outlet事業成功、成果獲得賞識的我，被公司提拔為董事。雖然那十年間我致力於管理工作，但我仍舊是東證一部上市企業集團下的上班族。

由於母公司的品牌價值相當高，因此那段期間我始終覺得「創業順遂，應該是托了公司庇蔭吧？」

因此，我希望「丟掉公司的品牌，測試自己真正的實力究竟到哪裡」。這就是我開始從事副業的理由。

思考到最後，我決定開始做二個副業。第一個是加盟連鎖店。而另一個是出書。選擇加盟店是因為我可以立刻運用自己管理店鋪的經驗。

而我也成功讓加盟店開始賺錢。

在出書方面，我透過部落格和公司內部的電子報分享自己的知識和經驗，最後整理成書籍出版，且很幸運地成為暢銷書。

這些副業的經驗，讓我即使不必掛上公司的招牌，也充滿自信。

讓我再舉一個把副業轉成正職的例子。

我有一位朋友原本在廣告代理商擔任業務。有一天，他聽朋友說「如果能幫忙介紹三十位媽媽來經營養樂多三輪車，每介紹一人就可以拿到五百日圓的介紹費」，這項副業讓他拿到一萬五千日圓的介紹費。

很開心獲得副業收入的他，繼續做這個工作、累積知識與經驗，最後自己開了人才派遣公司。

這兩個例子，都是運用自己的經營知識、管理能力以及業務能力等，透過副業累積經驗並創業。

先利用副業跨出第一步，試試看有沒有機會發展成事業，是比較令人安心的作法。

在副業的收入超過正職之際創業，也可以避免發生慌慌張張的狀態。

另一方面，也有人雖然有實力創業，但寧願選擇繼續上班，賺取正職和副業的兩份薪水。

我有一位朋友在出版社擔任業務，同時也從事副業，接受商業書籍作者的委託，讓他們的書可以上架書店。

這種人從事副業是獲得公司認可的。由於公司也不想失去有實力的員工，因此不得不允許他們從事副業。

除此之外，也有平常在ＩＴ企業工作，平日負責經營、管理公司網站，周末則用來從事副業，擔任出版社的編輯或作家。

我現在舉的例子，都是把正職工作也當作副業來做。

如此一來，就能兼顧正職和副業，運用兩者的經驗，達到相乘效果。這就某種層面來講，也是理想的混合象限型態。

或許有人會認為，有創業的企圖，不就等於被棄長期以來照顧自己的公司嗎？然而，未來的雇用型態會變得更有流動性。

成為獨立工作者，同時也以公司工作為主的工作型態，將變得越來越普遍。

我們每天在正職工作上花很長的時間。因此，若能把其中一部分發展成事業，就可以進帳更多錢。

上班族創業有三個步驟

上班族在創業前，要經過以下三個步驟。

〈上班族創業三步驟〉

步驟1：加強正職的技能。
步驟2：從正職中篩選出可以成為副業的要素，開始從事副業。
步驟3：在副業的時薪或收入超過正職時創業。

多數人已經很投入步驟1的本業。

而步驟3的時間單價，我已經在「該做什麼當副業？」的部分談過。

所以，我在這裡要詳細說明步驟2的部分。

我想最令許多人傷腦筋的就是步驟2。多數人應該會煩惱「該把什麼當作副業並發展成事業？」。

就這部分，我們必須先了解賺錢的機制。

工作原本指的就是「為別人工作並得到報酬的行為」。

若談到工作的本質，基本上只有在兩種情況下，他人會付錢給自己。

第一是「基於義務而付」的錢。若已經事先簽約，即使對方不滿意自己的服務，也照樣要付錢。

第二是「別人開心所以付錢」。當對方感謝你的服務，他就會開心地付錢。若你在非生產部門工作，不必直接面對客戶，那這裡指的「別人」就是主管或公司。

基於義務而付錢的對方，或許不會和你合作第二次。也就是說，讓別人開心是工作的基本守則。

而上班族的優勢在於，可以打著公司的品號認識顧客。也就是說，不必用自己的名字尋找顧客，即使對方不認識你，也知道你是「○○公司的△△先生」，只要做到對方的要求，就可以領到錢。

而若以自僱者的身分從事副業，別人就是看中你的能力而付錢。因此，你只能從別人的反應，判斷他願不願意付錢買你的能力。

「都還沒開始做副業，該怎麼觀察對方的反應？」在這裡有這點疑慮的人，也請放心。因為上班族是一種很方便的職業。

就像我前面說過的，把正職的部分業務當作副業並發展成事業，是成功機率最高的做法。

所以，你只要每天工作時，觀察周遭主管、同事的反應即可。你的哪些行為會讓他們開心呢？

哪種工作讓你備受肯定？如果，有人請你做同一件工作二、三次，這可能會成為你將來的畢生職業。

現在就趕快在職場中，留意別人的反應，改變自己的行為吧！

突然要你轉性或許很難。就感覺來講，就像是敲門。若你感覺「就是這道門」，那就敲敲門，仔細聆聽。如果反應（評價）出乎意料地好，那就勇敢打開門。若非如此，那就再找其他扇門吧！

我自己也有遇過幾扇反應不熱烈的門。反過來講，若有人應門，你就可以接二連三地敲門下去，展開事業。

絕對要以施與受的精神經營人際關係

做個總結，從正職工作中選擇可以發展副業的部分，運用正職工作所培養出來的能力，是通往成功的捷徑。不過，也不是說一定要挑戰什麼高難度的事，你只要稍微改變思維、培養良好習慣，就可以讓你現在正在做的事更有成效。

既然都講到了，那我就介紹一些強化本業能力的方法。首先，我們先來看一個例子。

奇異公司（GE, General Electric）執行長傳奇人物傑克・威爾許（Jack Welch），

他在上班族這條路上做到了頂峰。

聽到這位「大型全球企業的CEO」，大家都會問「到底他是怎麼成功的」吧？

答案就在威爾許擔任職員的時代，讓我們來回顧他的故事。

威爾許大學畢業後，在GE擔任研究員。雖然一年後加薪了一千美元，但當他得知同部門所有人的加薪額度都一樣時，他感到非常憤怒。

他當時的直屬主管對成本相當精打細算，所以他們的關係並不和諧。

因此，無法接受所有人加薪額度一致的他，向主管遞出辭呈。不過，更高層的主管得知消息後，即前來慰留他。

高層主管花了四小時說服威爾許，就連下班途中，也把車停在路邊用公共電話打電話給他。高層主管答應幫他提高加薪額度、授給他更多職權並讓他免於受官僚主義主管的影響，最後終於讓威爾許打消了辭職的念頭。

如果他當時執意離職，或許就不會有現在這位傳奇人物了。

即使像威爾許這樣的人都會受情緒影響而想離職，真是有趣，但是不得直屬主管心的他，之所以能受到高層的肯定，是有理由的。

其實他剛進公司時，就抱著「想出類拔群」的心情工作。「群」在這裡指的是「其他一般員工」。

他徹底分析公司研發的新型合成樹脂的成本以及物理特質，與其他競爭公司的主力商品進行比較後，提出相關報告。

這樣的行為讓高層留下深刻印象。

威爾許的直屬主管雖然對成本精打細算，但從來沒想過「比較公司與其他公司的成本」。

另一方面，雖然威爾許與計較成本的主管和不來，但他主動計算了公司和其他公司的成本，進行比較研究，找出公司的優勢。

想法上的些微差異，造就了巨大的不同。

威爾許後來回顧這一段歷程，他這樣說道。

「想出類拔群，你的思考必須超越思考的框架。我不只是在回答問題，也希望提供主管沒想到的新鮮觀點。」（《jack：二十世紀最佳經理人，第一次發言》，Jack Welch、John Byrne著，大塊文化，二〇〇一年）。

也就是說，威爾許成功的秘訣是「出乎預料」。

最後，人與人的關係都是在施與受的精神中建立起來的。有付出才有回報。施與受的原則是等價交換。簡而言之，由於「你付出一倍，就能得到一倍」，因此「你付出三倍，就能得到三倍」。

由於威爾許的工作成果常常高於主管的期待，因此高層主管以等值的東西回饋他。

假設你現在渴望得到一樣東西，最簡單的方法就是，把這個東西先讓給別人。「己所欲，施於人」，這麼做完全不會有問題。

只要持續「先付出」，最後對方也會開始想「他下次的工作成果，應該也會高過我的期待」。

這麼一來，對方會挑戰難度越來越高的工作。難度高的工作，當然回報也會更多。

這就是「抓住機會」。

做對別人有利的事，對方也會說你的好話。「這個人會幫我的忙」，這樣的期待感會讓更多好事降臨在你身上。

無論是工作或投資，基本上都一樣。不過，你付出的對象，當然必須挑過。

將混合型象限結合理財計畫

我就熱門關鍵字副業，整理出以下幾項要點。

- 花時間磨練技術，讓自己更有競爭力。
- 循序漸進地累積成功要素。
- 從自己的本業中尋找機會。
- 當副業的時間單價超過本業時，即可考慮創業。

〈讓你不必再為錢煩惱的三步驟〉

第一階段：檢討支出，打造儲蓄體質。

第二階段：擬定理財計劃，「老年安心感」手到擒來。

第三階段：努力「讓工作時期的生活更精彩」。

下列幾個方法，都可以「讓工作時期的生活更精彩」。

- 自我投資（提升技能），讓自己有機會升遷。
- 挑戰副業和獨立創業。
- 實現提早退休。
- 讓假日過得更充實。

我建議現在還是上班族的你，可以利用以下步驟達到混合象限的狀態：

單純的上班族（E）

←混合上班族（E）＋投資者（I）

←混合上班族（E）＋投資者（I）＋自僱者（S）

（擅長管理的人也可以把企業所有人（B）納入考量）

實現這三個階段的過程中應該注意，為了讓老年生活過得安心，投資時最重要的就是運用時間和複利，達到資金的穩定運用。

在預算範圍內，可以嘗試高風險、高報酬的投資（別忘了「投資預算的一〇％以內」這個原則！），當然也可以用來及時行樂。

就像這樣，執行「賺錢　存錢　增加　使用」……的循環。

確實，對年輕人而言養老還遙不可及，也難怪他們會覺得「現在就叫我想想老了要怎麼過，也太早了……」。

當然，其中也有「想賺更多錢」的人。

我要告訴這些人「若對老年生活感到不安，到最後無論做任何事，都無法真正開心吧？」

讓我用一個例子，看看一個人若不再對老年生活感到不安，會有什麼改變。這是二十幾歲上班族N先生的例子。

高學歷的N先生目前就職於一流企業。但是，我一開始與他諮詢時，他告訴我「自己是個沒有自信的人」。他對未來懷抱強烈的不安。

所以，我們開始擬定理財計畫，最後擬定出「可以在六十五歲安心迎接養老生活」的計畫。他照計畫運用資金，最後除了對未來充滿安心感之外，生活也過得相當充實。

並且，他還做起人才仲介的副業，將副業發展成事業替自己節稅，讓自己多出一百萬的年收入。他現在也是地方上有頭有臉的人物，每年出國旅行三次。

而提到「對老年的不安」，我也在第三章說過「若有九千萬日圓的資產，以年利率四％來運用這筆資金，每個月就保證有三十萬日圓的養老資金。」

有人一看到我這麼說就備感壓力，認為「果然還是要先存一筆巨款……」。

不過，這只是一個理想。並非沒有這筆錢，就無法養老。

如果你無法存到這筆錢，還是有幾個替代方法。

例如：

- 將部分生活費當作副收入，或模擬半退休狀態來運用。
- 有配偶的人，應該雙方有工作收入。

※這裡是以不依靠公共年金為前提。

即使你現在推算過後，發現自己「必須工作到七十歲」，也不必太過悲觀，因為現實時時都在變化。

只要從現在開始準備，就能為老年生活打好穩若磐石的基礎。

通常很多人年輕時上班夠忙了，所以「希望老了之後可以不用工作，悠哉過活」。

不過，無論男女，退休後，在不會感到負擔的狀態下與社會有所接觸，也不是壞事。

重要的是，盡可能預測未來並思考對策，盡量消除讓自己不安的因素。

不要被「分散投資很安全」的神話騙了

正在看這本書的讀者，應該絕大部分都想「逐步建立資產」。

實際上，本書的目標讀者也是有這種想法的人，因此我已經猜到會有人問「實踐書裡教的內容，財富增加後，還要做什麼？」我接下來要講的事或許有點遙，不過還是先講清楚好了。

財富增加後，應該做的事情之一，就是「打造投資組合」。

所謂投資組合是指讓自己的資產「視覺化」。

當資產變多、投資標的也增加時，我們就會越來越混亂，不知道「一個標的該投入多少資金」、「這個投資標的的報酬率多少？」、「這樣的報酬率可以維持多久？」

因此，藉由建立投資組合，除了可以把握資產狀況之外，還能檢討資產計畫和變換投資標的。

很多人認為「投資組合就是分散投資」，不過，這只是結論而已。

為了將資產蒸發的可能性降到最低，所以才要分散投資。

一般而言，建立投資組合的意義有3個，包括「風險分散」、「時間分散」、「國家（貨幣）分散」。

投資商品相當多樣，「報酬低、穩定度高的債券」、「有賺有賠的股票」等，每種商品的風險程度都不一樣。

組合投資商品，可以減少損失、降低風險。

一般來講，隨著財富增加，我們也會考量到失去的可能性，因此很自然地會「運用部分資金來增加財富」。

但是，從事投資時，也必須把投入的時間點分開。這就是時間分散。

首先，若投資價格起伏大的標的，分散資金投入的時間，可以達到平均成本的效果。這也是從事高風險的投資時，可以避開風險的方法之一。

通常，買進投資標的後，基本上就處於「等待」的狀態，資金被卡住。假設投入資金和資金解套時金額都一樣，資金無法動用的期間，就造成了機會損失。

在日常生活中，實際上有的資金只能短期留存，也有一放就十年不能動用的資金。

分散時間點，就能避免資金一次被套住。

我前面說過，希望大家可以考慮進行海外投資。國家分散主要是指分散投資標的和貨幣。

投資海外標的時，一定會受到匯率的影響。從事海外投資時，應該注意匯率有可能導致獲利變少。

不過，持有外幣可以避免資產過度集中日本的風險。若想持有外幣，最好選擇美元、英鎊等信用度較高的貨幣，而非新興國家貨幣。

我前面提過的投資組合思維，算是知道也不吃虧的知識。然而，我在本書中，不會建議「想開始建立資產」的人，草率地進行分散投資。

想開始增加資產的人，若把資金分得太細，投資效果會減半，且還會產生手續費的問題。

剛開始就採防守姿態的話，根本無法進攻。而基本上若基產規模不大，很難「邊防守邊進攻」也是事實。

並且，就尚未應該擬定投資組合階段的人來講，若是屬於「收入高，但支出也高、資產少的狀況」，利用檢討支出，會比較容易看到改善的效果。若想及早投資，也可以活用時間的優勢。

另外，若是屬於「收入少，資產也少的狀況」，就要花時間累積本金。屬於這一類型的人，投資時可以選擇一項期望值高的商品來投資，或者若你現在已經有投資個股，那也可以選擇繼續加碼。

如果你真的「很想進行分散投資」，選擇投資商品已經分散的投資信託也是方法之一。

實際上，由於每個人的狀況都不一樣，因此投資時，可以與信得過的財務策畫師討論。財務策畫師一定會介紹適合你的商品。

利用「點連成線」的道理，活用過去的所有經驗

歸根究柢，財富、事業、投資息息相關。

我的結論是，三者的關係密不可分，無法單獨存在。

說個題外話，你聽過蘋果公司創辦人賈伯斯（Steve Jobs），以前在史丹佛大學（Stanford University）畢業典禮上的著名演講嗎？

他在演說中提到自己是私生子，由工人階級的養父母培育長大，因為知道養父母為了籌措他的大學學費花光畢生積蓄，所以主動休學。

休學後，不必為了學分上課的他，選擇了自己喜歡的書法課旁聽。

他說，十年後在設計Mac電腦時，「書法課的知識全都派上用場」，並表示「你不可能預見生命會怎麼把點滴串聯起來。只有在你回頭看的時候，你才會發現這些點點滴滴之間的聯繫。」他告訴學生「你要堅信，你現在所經歷的將在你未來的生命中串聯起來」。

那「怎麼做才能把點滴串連起來？」，那就是「做能夠發揮自己才能的工作」。

說到「才能」，你或許會認為是與生俱來的能力。然而，除了體育選手需要的一些身體能力之外，人類天生的能力並沒有差很多。

其實，才能是過去是過去累積下來的。你在哪一種價值觀中成長？接受什樣方式的教育？做過什麼？有過什麼樣的感受？……。

這些因素綜合起來，成就了現在的你。

自我懂事以來，我的能力就不是特別出眾，學生時期成績普通，踏入社會後表現也很平庸。

由於年輕的時候工作調動頻繁，雖然成了工作範圍十分寬廣的通才，卻沒有成為專精特定領域的專才。

但是，我認為這樣反而很好。我原本就不是會想限制範圍，在特定領域追求極致的人。

比起自己親手去做，我更喜歡挖掘他人的特質，分配適當的工作給他人，構思整體計畫，也就是，我擅長拓展範圍。

從事管理之後，過去被我認為沒意義的事情，全都不可思議的串聯起來，產生相乘效果。

這就是賈伯斯所說的「點點滴滴的聯繫」。

我不認為可以「人云亦云」或「心誠則靈」。我反而認為必須凡事要有理由。往自己內心尋找根據，基於事實設定假設並驗證，才是讓現實更接近理想的唯一方法。

「金錢」也是一樣。

很久以前人類發明了貨幣，讓我們可以保存價值，也可以和遠方的人交易。經濟發達、生活富足的反面，許多人也被金錢綁住了。

現在，有錢的人也並非都經歷過什麼豐功偉業。很多人的財富都是一點一滴辛苦存來的。不是因為中樂透，也不是因為繼承了財產。

我聽或很多人獲得巨富，最後卻坐吃山空的故事。

有錢人和一般人的差異在於「是否能將當下作為起點，實際展開行動？」

掌握、改變現狀，擬定對策。基本上，守住並運用現有的資金，財富就會增加。

看完本書的你，已經擁有增加財富、達到經濟獨立的基本知識。下一步驟，就是實現這些知識。

首先，請先想一想你要幾歲退休。當然，只是暫時性的決定也ＯＫ。

那麼，請想像你的未來。你希望幾歲開始過養老生活？

為了實現這個目標，你現在該做些什麼？

結語

看到這裡的你，應該已經知道自己的財務有什麼問題，以及該怎麼解決。由於人類天生就有防衛本能，所以基本上只要事先知道「現在有多少錢？」、「未來需要多少？」，自然就會想辦法。

財富這種東西，並不是「沒有很多，所以感覺不安」。而是「無法控制財富，所以覺得憂心。」

我在書裡已經說過，原本只是平凡上班族的我，歷經公司的裁員風波，繼而奮發圖強，成功跨足了四個象限。

想像有一天，你被人資叫到會議室，他遞給你一張A4的紙。

紙上寫著「提前退職制度通知書」……。

「如果找不到下一份工作怎麼辦？」、「就算找到了，如果福利比現在差怎麼辦？」……。

在這個時代，全球知名的公司都可能倒閉。你的公司明天或許就不見了。

你準備好面對這種狀況了嗎？

如果我那時候沒有申請公司內部創業、繼續當上班族的話，現在或許已經當上課長。

這樣的人生也很棒。但是，經歷過那場裁員風波，我更確信「人生的主導權在於自己」。

自己做的失敗決定自己承擔，但若活在別人的控制下，就會感到不甘心。

說實話，投資者對我而言是最難實現的象限。剛開始我不斷賠錢，甚至懷疑「自己或許沒有投資的命」。

這樣的我有機會出版理財書、共同創設理財學校，都是多虧有貴人相助。

我要感謝從理財學校的創立到營運，與我一起同甘共苦過來的金融專家堀越健太、提供我許多案例的財務策畫師高橋聰、協助製作理財計畫表的系統工程師喜多優勝，以及協助我上傳文章的森田朱實、支援本系列叢書的日本經濟新聞出版社的工作人員們、強大的事業夥伴團隊，還有參加理財學校的學員們……。

現在的我雖然必須為自己承擔責任，但同時也擁有自己選擇的自由。

那時候，讓我的命運發生轉折的原因只有一個。差別就在於有沒有採取行動。光是這一點差異，就帶來的巨大的改變。

正在讀這本書的你，適合做什麼、一開始該選擇什麼樣的挑戰、有可能成功發展成自己的事業嗎？答案都在你心裡。

請踏出找到答案的第一步。

本系列第一本書《前一%的人才懂的「金錢真相」》已經出版三年半，這一系列的內容，現在都一一變成了我們要面臨的財務課題。

不仰賴公共年金制度的養老對策。

雖然這麼說有的矛盾，但只要多一個人實現理財計劃、不必依靠政府的制度，才是拯救日本這個疲乏國家的最佳方法吧！若不需要政府制度的人變多，資金就可以轉移給真正需要的人。

我們每一個人都擁有改變社會的力量。

令和元年七月吉日

保野成敏

本書讀者專屬好禮！

獨家「生涯財務規劃 EXCEL 表」請從 https://drive.google.com/drive/folders/17hP6z9Q6KaltsbVLQu8Q3lCR0iNWUfaT 下載。

國家圖書館出版品預行編目資料

5張表格打造最強理財計畫 / 野成敏著 ；楊毓瑩譯. -- 初版.
-- 臺北市 : 商周出版 : 家庭傳媒城邦分公司發行, 2020.03
面； 公分
譯自：トップ1%の人だけが知っている「最高のマネープラン」
ISBN 978-986-477-805-8（平裝）
1..理財 2..生涯規劃
563 109001902

BW 0735

5 張表格打造最強理財計畫

原書名／トップ1%の人だけが知っている「最高のマネープラン」
作者／俣野成敏
譯者／楊毓瑩
企劃選書／陳美靜
責任編輯／劉芸
版權／黃淑敏、翁靜如、林心紅、邱珮芸
行銷業務／莊英傑、周佑潔、王瑜

總編輯／陳美靜
總經理／彭之琬
事業群總經理／黃淑貞
發行人／何飛鵬
法律顧問／台英國際商務法律事務所 羅明通律師
出版／商周出版
臺北市104民生東路二段141號9樓
電話：(02) 2500-7008 傳真：(02) 2500-7759
E-mail：bwp.service@cite.com.tw
發行／英屬蓋曼群島商家庭傳媒股份有限公司 城邦分公司
臺北市104民生東路二段141號2樓
讀者服務專線：0800-020-299 24小時傳真服務：(02) 2517-0999
讀者服務信箱E-mail: cs@cite.com.tw
劃撥帳號：19833503 戶名：英屬蓋曼群島商家庭傳媒股份有限公司城邦分公司
訂購服務／書虫股份有限公司客服專線：(02) 2500-7718；2500-7719
服務時間：週一至週五上午09:30-12:00；下午13:30-17:00
24小時傳真專線：(02) 2500-1990；2500-1991
劃撥帳號：19863813 戶名：書虫股份有限公司
E-mail: service@readingclub.com.tw
香港發行所／城邦（香港）出版集團有限公司
香港灣仔駱克道193號東超商業中心1樓
Email：hkcite@biznetvigator.com
電話：(852)2508-6231 傳真：(852)2578-9337
馬新發行所／城邦(馬新)出版集團 【Cite (M) Sdn. Bhd.】
41, Jalan Radin Anum, Bandar Baru Sri Petaling, 57000 Kuala Lumpur, Malaysia.
57000 Kuala Lumpur, Malaysia
電話：(603) 9057-8822 傳真：(603) 9057-6622 E-mail: cite@cite.com.my

封面設計／黃宏穎
印刷／韋懋實業有限公司
總經銷／聯合發行股份有限公司 電話：(02)2917-8022 傳真：(02)2911-0053
地址：新北市231新店區寶橋路235巷6弄6號2樓

■ 2020年3月12日 初版1刷

Printed in Taiwan

城邦讀書花園
www.cite.com.tw

ISBN 978-986-477-805-8
定價／320元 版權所有・翻印必究（Printed in Taiwan）